John McMahon

ALCOOLISMO

Como superar
e manter
a abstinência

Paulinas

Dados Internacionais de Catalogação na Publicação (CIP)
(Câmara Brasileira do Livro, SP, Brasil)

McMahon, John
   Alcoolismo : como superar e manter a abstinência / John McMahon
; [tradução Vera Barkow]. – São Paulo : Paulinas, 2016. – (Coleção
saúde e bem-estar)

   Título original: First steps out of problem drinking.
   ISBN 978-0--7459-5397-7 (Ed. original)
   ISBN 978-85-356-4189-9

   1. Alcoolismo - Tratamento 2. Autoajuda - Técnicas I. Título. II.
Série.

16-04436   CDD-362.292

Índice para catálogo sistemático:
1. Alcoolismo : Patologia social   362.292

© 2010 John McMahon. Edição original publicada em inglês
com o título *First steps out of problem drinking* por Lion Hudson plc, Oxford, Inglaterra.
© Lion Hudson plc 2010.

1ª edição – 2016
1ª reimpressão – 2025

Direção-geral:	*Bernadete Boff*
Editora responsável:	*Andréia Schweitzer*
Tradução:	*Vera Barkow*
Copidesque:	*Ana Cecilia Mari*
Coordenação de revisão:	*Marina Mendonça*
Revisão:	*Sandra Sinzato*
Gerente de produção:	*Felício Calegaro Neto*
Projeto gráfico:	*Jéssica Diniz Souza*
Diagramação:	*Manuel Rebelato Miramontes*
Imagem de capa:	*©gulfix - Fotolia.com*

Nenhuma parte desta obra poderá ser reproduzida ou transmitida
por qualquer forma e/ou quaisquer meios (eletrônico ou mecânico,
incluindo fotocópia e gravação) ou arquivada em qualquer sistema ou
banco de dados sem permissão escrita da Editora. Direitos reservados.

Paulinas
Rua Dona Inácia Uchoa, 62
04110-020 – São Paulo – SP (Brasil)
Tel.: (11) 2125-3500
paulinas.com.br – editora@paulinas.com.br
Telemarketing e SAC: 0800-7010081

© Pia Sociedade Filhas de São Paulo – São Paulo, 2016

SUMÁRIO

Por que ler este livro?... 9

Introdução 11

A quem este livro se destina? 12

Como vou usar este livro?...13

Agora é com você!...14

Por que você me escutaria?...14

1. Problemas com a bebida: perspectivas clínicas............. 15

Categorizando problemas com o álcool........................16

Então, como saber se me encaixo na categoria de alcoólico
problemático? 19

2. Autoavaliação 23

Avaliando seu consumo de álcool 23

Avaliando o impacto da bebida na sua vida 25

Os quatro "bem" 27

Agora é com você!...29

3. Construindo motivação para a mudança........................ 33

Motivação – positiva e negativa...................................33

Áreas de preocupação revisitadas................................35

Agora é com você!..35

Prós e contras..37

Agora é com você!..37

Vítima ou vitorioso?..38

4. Definindo seu objetivo 41

Objetivos..41

5. Envolvendo outras pessoas 47

Os pontos negativos..47

Os pontos positivos..49

Preciso frequentar o AA (Alcoólicos Anônimos)?................51

Onde meu médico se encaixa?..52

6. Agora é só se preparar e ir em frente 55

Fixando uma data..55

Preparar-se..56

7. Reduzindo o consumo 61

Encontrando o padrão de consumo de bebidas 61

Dicas para reduzir o consumo de álcool................................63

8. Evitando a recaída 67

Evitando a tentação 68

Esteja preparado 69

Por que você bebe?..72

9. E se cometer um deslize?................................ 77

Voltar ao propósito..78

Posso voltar a beber algum dia?..80

10. Olhando para a frente 83

    A família (1) 83

    A família (2) 85

    Estados de espírito 85

    Ajudando outras pessoas 88

    Depressão e pesar 89

Para a família 91

    Você não é o culpado 92

    Outras maneiras de apoio 94

    Obtenha apoio 94

Este livro é dedicado a meus pais,
John e Cissie.

POR QUE LER ESTE LIVRO?

Já se perguntou se você, ou um ente querido, pode vir a ter problemas com o álcool?

Você já...

- perdeu a conta de quantas doses ingeriu?
- se viu pensando: "esta vai ser a última garrafa"?

Em caso afirmativo, este livro irá ajudá-lo a entender:

- quando beber pode tornar-se um problema;
- quantas pessoas são afetadas por isso e de que modo;
- o que fazer, se deseja realmente mudar essa situação – não importa se já tenha tentado antes;
- como estabelecer e como alcançar metas realistas;
- como evitar uma recaída;
- de que forma é possível dar apoio a uma pessoa que bebe e é problemática.

Este livro traz conselhos experimentados e testados que o irão ajudar a dar os primeiros passos para abandonar de vez o álcool, de modo que se torne mais saudável e mais feliz.

INTRODUÇÃO

Por décadas, acreditava-se que o único caminho para abandonar comportamentos viciantes era através de um tratamento ou participando dos Alcoólicos Anônimos (AA). Essa visão vem sendo mudada; nos últimos anos, tem-se reconhecido de maneira crescente que pessoas com problemas de dependência podem recuperar-se e realmente o conseguem de maneira autônoma. De início, pensava-se que esses indivíduos eram uma exceção, que a assim chamada "recuperação natural" era um fenômeno raro. Contudo, pesquisas descobriram que, em vez de ser rara, a recuperação natural é de longe a rota mais comum para abandonar todos os tipos de dependência – fumo, drogas e álcool.

O estudo sobre recuperação natural descobriu que as pessoas que querem mudar seu comportamento de dependência precisam seguir alguns passos básicos. Essa abordagem sugere que a recuperação da dependência é simples, o que não deve ser confundida com "fácil". Não há dúvida de que a recuperação é difícil e requer muito esforço e perseverança.

Não se deixe levar pela propaganda enganosa de que pode superar a dependência em cinco minutos, "ouvindo" um CD enquanto dorme, ou por quaisquer outros esquemas do tipo "recupere-se rapidamente". Eles podem ser tentadores; na verdade, são *muito* tentadores – a natureza humana sempre busca um modo mais fácil de resolver as coisas –, mas, infelizmente, raramente funcionam, se é que funcionam.

Todavia, se seguir o método apresentado neste livro, então, sim, existe uma grande probabilidade de ser capaz de mudar seu comportamento e levar uma vida sóbria.

A quem este livro se destina?

Este livro é destinado a você que sabe e acredita que tem, ou mesmo se preocupa com o fato de poder ter um problema com o álcool. Se quer parar de beber, fazer uma pausa na bebida, reduzir o consumo de álcool, ou confrontar seu consumo de bebida com a realidade, então este livro poderá ajudá-lo.

QUANTAS PESSOAS SÃO AFETADAS?

Mais de 3 milhões de pessoas morreram em decorrência do consumo de álcool em 2012, por causas que variaram desde câncer até a violência, segundo a OMS.

No Brasil, estudos revelam que 17,1% dos homens e 5,7% das mulheres são dependentes de álcool, totalizando em 11,2% a porcentagem de dependentes alcoólicos. O número maior de dependentes encontra-se na faixa etária dos 18 aos 24 anos em que 23,7% dos homens e 7,4% das mulheres são considerados dependentes. (Fonte: http://www.cisa.org.br/artigo/11/dados-epidemiologicos-sobre-uso-alcool-no.php)

Você se preocupa com seu consumo de álcool? Às vezes, ou até com frequência, sente que está bebendo mais do que deveria? Algumas pessoas comentam sobre seu consumo de álcool – cônjuge, amigos, chefe? Você se pega regularmente bebendo mais do que pretendia, embora tenha prometido a si mesmo que isso não aconteceria de novo? Tentou reduzir seu consumo de bebida alcoólica e falhou? Este livro poderá ajudá-lo.

Ele irá fornecer-lhe algumas ferramentas simples que o ajudarão a avaliar se está ou não com problemas com a bebida e de que modo isso pode estar afetando sua vida. Irá ensiná-lo a usar essa avaliação para conseguir a motivação de que precisa, a fim de mudar essa situação e perseverar com sucesso. Irá indicar-lhe estratégias simples para evitar uma recaída; mas, se mesmo assim isso acontecer, é algo que também será considerado. Por fim, irá discutir questões que podem surgir quando se passa por essa mudança. Ao final, traz um capítulo para sua família ou para aqueles que o estejam apoiando.

Como vou usar este livro?

Manter a sobriedade não é uma tarefa diferente de nenhuma outra. A preparação é a parte mais importante. Não tenha pressa e faça isso adequadamente, pois assim o restante do trabalho correrá sem problemas. Se fizer isso de maneira apressada ou relapsa, é provável que tenha de se esforçar mais.

Ao mudar seu comportamento, quanto mais informação tiver sobre ele, mais fácil será. Em termos gerais, você precisa saber o que está mudando e por que o faz.

Neste livro há ferramentas para uma nova vida, mas elas não transformarão sua vida até que sejam colocadas em uso. Se utilizar as ferramentas com sabedoria, terá uma vida bem diferente, e o álcool não será mais um problema para você ou sua família.

13

Agora é com você!

Ler este livro não o tornará mais sóbrio, assim como ler um texto sobre condicionamento físico não o deixará em forma. O que você irá fazer com a informação é que poderá mudar seu futuro. Deve usar este texto como um livro de trabalho, fazer os exercícios e usar as ferramentas. Você é a única pessoa que pode deixá-lo sóbrio – esta obra apenas lhe mostrará o caminho.

Por que você me escutaria?

Conheço esta questão de várias perspectivas diferentes. Tenho trabalhado como terapeuta em centros de tratamento para álcool e drogas, onde cuidei de pessoas e criei novos programas de cura. Por vinte anos, fiz pesquisas sobre como as pessoas podem mudar, além de ter várias publicações e de ter participado de conferências pelo mundo todo. Durante esse tempo, ajudei a escrever e ministrei aulas no maior curso de mestrado sobre dependência no Reino Unido. Mais recentemente, desenvolvi e criei *sites* bem-sucedidos de autoajuda – um deles, que ganhou um prêmio, para ajudar pessoas com problemas com o álcool, e outro, para suas famílias – e recebi a incumbência de construir o *site* sobre álcool para um grande conselho de saúde.

Porém, além de razões profissionais, existe uma pessoal. Eu já passei por isso! Tive um grande problema com álcool e drogas, que em determinada época me obrigou a ser hospitalizado. Estou limpo e sóbrio desde 1984. Assim, com base nessa experiência, tenho alguns conhecimentos a lhe oferecer.

Boa leitura e boa sorte!

O autor

1. PROBLEMAS COM A BEBIDA: PERSPECTIVAS CLÍNICAS

Certa noite, recebi o telefonema de uma mulher preocupada com seu filho. Ele estava morando na casa dela após ter se separado de sua esposa, e havia bebido muito durante alguns dias. Disse a ela que passaria lá na manhã seguinte e que deveria tentar impedi-lo de beber mais naquela noite. No dia seguinte, fui à casa dessa senhora e fui conduzido ao quarto do rapaz. Ele estava deitado na cama, claramente em mau estado. Estava tremendo, transpirando, obviamente em abstinência. As primeiras palavras que me disse foram: "Eu não sou alcoólatra".

Eu não havia mencionado a palavra "alcoólatra", mas, não obstante, ele quis deixar bem claro para mim que não era um. Para a maioria das pessoas, inclusive sua mãe, encaixava-se visivelmente no rótulo de "alcoólatra". Mas, se ele estava prestes a aceitar ajuda, então deveria ser sob a condição de que não era um alcoólatra.

Pessoas que têm problema com álcool frequentemente dizem "não sou alcoólatra". Isso necessariamente não acontece para desculpar ou minimizar a severidade de seu problema, mas, antes, para evitar o estigma ou a vergonha que esse rótulo traz consigo. Apesar das estimativas indicarem altas porcentagens de pessoas com sérios problemas com o álcool, a palavra "alcoólatra" continua tendo um teor depreciativo. Ter de admitir ser um alcoólatra é uma barreira tão grande para conseguir ajuda que, hoje em dia, é raramente uma pré--condição para tratamento.

O pensamento corrente em círculos médicos e de tratamento na Inglaterra sugere que o termo "alcoólatra" é demasiadamente emocional e carregado de valores negativos. Por essa razão, não se está usando mais. Em seu lugar, os termos que tendem a ser utilizados hoje em dia são "consumo excessivo esporádico", "abuso de álcool" e "dependência de álcool". Esses termos serão explicados mais adiante.

DETONANDO MITOS

Você precisa dizer que é "alcoólatra" para se recuperar.

Não! Porém, é preciso reconhecer que o álcool está lhe causando problemas.

Categorizando problemas com o álcool

Consumo esporádico excessivo

Antigamente, o termo *binge drinking* (consumo esporádico excessivo de álcool) era aplicado ao comportamento de dependentes que bebiam continuamente por dias, ou até por semanas. Atualmente, esse termo é empregado para qualquer consumo de bebida superior a duas vezes o limite recomendado – duas a três unidades por dia para a mulher e três a quatro unidades por dia para o homem. Em outras palavras, o consumo diário superior a seis unidades para mulheres e oito unidades para homens seria considerado consumo esporádico excessivo. Você pode achar que isso não é uma grande quantidade de álcool, e muitos concordariam. Todavia, se bebe essa quantidade – ou mais – regularmente, então está colocando sua saúde em risco.

Abuso de álcool

Abuso de álcool é um padrão de consumo de bebida pesado e persistente, que tem consequências regulares negativas, tais como:

- faltar ao trabalho, falhar em cumprir ou manter compromissos;
- beber continuamente em situações que poderão ser perigosas – ao dirigir ou operar máquinas;
- problemas legais recorrentes – por exemplo: prisão por desordem;
- problemas sociais sérios e contínuos – por exemplo: dificuldades conjugais.

Dependência de álcool

Dependência de álcool também é um padrão de consumo pesado, mas a pessoa é dependente quando se encaixa em três ou mais dos sete critérios a seguir, ao longo de um ano:

1. Tolerância aumentada – precisa de maior quantidade de álcool para atingir o mesmo efeito?
2. Privação – treme, transpira, sente-se ansioso, e consome álcool para aliviar os sintomas?
3. Controle prejudicado – bebe mais álcool e por mais tempo do que o pretendido?
4. Anseia por álcool ou seus esforços para reduzir ou controlar o consumo de bebida são malsucedidos?
5. Gasta boa parte de seu tempo tentando obter álcool, bebendo, ou tendo ressaca?
6. Desistiu de atividades sociais, ocupacionais ou recreativas para beber?
7. Continuou a consumir álcool, embora tenha um problema psicológico ou físico recorrente ou persistente, que provavelmente tenha sido causado ou exacerbado pelo álcool (por exemplo, continuou a beber, embora saiba que piorou de uma úlcera devido ao consumo de bebida)?

UNIDADES DE ÁLCOOL

O consumo de álcool é medido em unidades de álcool porque é a quantidade de álcool consumida que importa, não o tipo de álcool.

Uma unidade corresponde a:

- meio litro de cerveja normal;
- uma medida de bebida destilada;
- um copo de vinho de mesa.

Como você pode ver por essas definições, o critério para consumo esporádico excessivo está ligado com o exceder os limites, enquanto abuso de álcool tem mais a ver com consumo imprudente que ignora as consequências. Dependência, contudo, tem a ver com a *necessidade* de beber e com as mudanças fisiológicas e sociais que podem ocorrer. O termo "dependência" tende a ser usado em lugar de "alcoolismo".

Então, como saber se me encaixo na categoria de alcoólico problemático?

O primeiro passo para descobrir se é um alcoólico problemático é observar quanto bebe – e tentar ser o mais meticuloso possível. A seguir, você encontrará um diário onde poderá registrar seu consumo de álcool durante sete dias. Isso lhe dará uma ideia de seu padrão, frequência e quantidade de consumo. Contudo, se a semana anterior não foi típica – se consumiu muito mais ou muito menos que costumeiramente –, então deixe para preencher o diário em uma semana de consumo mais típica.

Comece, por exemplo, pelo dia de hoje e vá anotando a quantidade dos dias anteriores. Assim sendo, escreva o que consumiu hoje e registre o número de unidades do dia; em seguida, registre a quantia do dia anterior e continue até ter completado o diário. Nesse momento, é hora de avaliar seu padrão de consumo. Observe cada dia marcado e veja em quais consumiu álcool ou não.

- Quantos dias você bebeu? Há dias nos quais não bebeu?
- Há dias em que excedeu os limites diários recomendados (três unidades para mulher, quatro unidades para homem)? Quanto você ultrapassou?
- Há dias em que registrou consumo excessivo (mais de seis unidades para mulher ou oito para homem)? Quanto consumiu?

Agora, some as unidades da semana e coloque o total na última coluna.

- Você excedeu os limites semanais recomendados (catorze para mulheres, vinte e um para homens)? Se excedeu, em quanto? Esse é seu padrão normal de consumo?

Dia	dia	dia	dia	dia	dia	dia	dia	
Unidades								Total

A partir da informação que inseriu nesse diário de bebida, pode perceber facilmente se você se encaixa ou não na categoria *consumo esporádico excessivo* e em que medida.

Iremos ver agora uma avaliação que lhe permitirá concluir se você se encaixa na categoria *abuso de álcool*.

RÁPIDO

Rápido é um questionário usado para triagem de abuso de álcool. Leva-se menos de um minuto para completá-lo e é nosso próximo passo no caminho para a recuperação.

Questionário Rápido:

1. Homens: com que frequência ingere **oito** ou mais doses de bebidas alcoólicas em uma única ocasião?

   Mulheres: com que frequência ingere **seis** ou mais doses de bebidas alcoólicas em uma única ocasião?

Nunca (0)	Menos de uma vez por mês (1)	Mensalmente (2)	Semanalmente (3)	Diariamente ou quase diariamente (4)

2. Durante o último ano, com que frequência foi incapaz de lembrar o que aconteceu na noite anterior porque estava embriagado?

Nunca (0)	Menos de uma vez por mês (1)	Mensalmente (2)	Semanalmente (3)	Diariamente ou quase diariamente (4)

3. Durante o último ano, com que frequência não conseguiu fazer o que era normalmente esperado de você por causa da bebida?

Nunca (0)	Menos de uma vez por mês (1)	Mensalmente (2)	Semanalmente (3)	Diariamente ou quase diariamente (4)

4. No último ano, um parente ou um amigo, ou um médico ou outro agente de saúde se preocupou com seu consumo de bebida ou sugeriu que você o reduzisse?

Não (0)	Sim, em uma oportunidade (2)	Sim, em mais de uma oportunidade (4)

Pontuação perguntas 1-3: 0, 1, 2, 3, 4.

Pontuação pergunta 4: 0, 2, 4.

Pontuação total: _____

Pontuando *RÁPIDO*

Na pergunta 1, se respondeu "nunca", então você não está abusando do álcool. Se respondeu "semanalmente" ou "diariamente ou quase diariamente", você está dando sinais de compulsão (consumo esporádico excessivo), abuso ou dependência.

Se a pontuação para todas as quatro perguntas é inferior a três, você pode estar tendo compulsão ocasionalmente, mas não está abusando do consumo de álcool.

Se a pontuação para todas as quatro perguntas é superior a três, então você está dando sinais de abuso de álcool. A maior pontuação possível para este questionário é dezesseis. Quanto mais próxima de dezesseis sua pontuação estiver, mais seu consumo de álcool é um problema e maior é a probabilidade de você ser um dependente de álcool.

Qual foi sua pontuação? Essa avaliação sugere que você tem problema com a bebida? Ela aumenta o desejo de mudar seus hábitos de beber?

No próximo capítulo, veremos diferentes métodos de avaliar seu consumo de álcool – métodos que talvez se encaixem melhor para um "automotivante" como você!

2. AUTOAVALIAÇÃO

No capítulo anterior, vimos métodos clínicos de como avaliar seu consumo de álcool. Neste capítulo, faremos uma abordagem mais pragmática e pessoal.

A maioria das pessoas não necessita de um diagnóstico médico para entender que tem problema com a bebida ou não. Normalmente, sabemos disso por nós mesmos – ou nossa família, nossos amigos, ou nosso chefe nos dirão isso. A verdadeira prova de fogo é o impacto que a bebida tem sobre nossa vida, em todos os seus aspectos. Mais adiante, neste capítulo, consideraremos como avaliar o impacto do álcool; de início, porém, vejamos os sintomas do problema com o álcool.

Avaliando seu consumo de álcool

Se você se encaixa regularmente em pelo menos três dos comportamentos descritos a seguir, provavelmente tem problemas com o álcool. Obviamente, quanto mais desses comportamentos se permitir e quanto mais frequentemente agir assim, maior é a probabilidade de apresentar esses problemas com a bebida.

- *Geralmente, você bebe mais que seus amigos?*
- *Você esconde o quanto bebe?* Isso pode ser feito de várias maneiras – tomando doses extras, quando pensa que

ninguém está reparando, ou carregando consigo seu próprio suprimento de bebida. Você pode esconder álcool em sua casa ou colocar garrafas na lixeira dos vizinhos para ocultar a quantidade que consome.

- *Você bebe com regularidade mais do que pretende?* Suas boas intenções e limites estabelecidos caem no esquecimento quando bebe demais.
- *Você costuma mentir sobre a quantidade que bebe?*
- *Você acha extremamente difícil agir sem uma dose?* Muitas pessoas sentem mais facilidade em socializar-se quando tomam um drinque, mas a maioria consegue se divertir sem álcool. Você consegue fazer isso?
- *Você acha extremamente difícil se abster da bebida? Você encontra uma forma de consumir álcool, quando normalmente não teve oportunidade de tomar uma dose antes?* Talvez uma ida às compras, que poderia incluir um cafezinho, agora dê lugar a uma taça (ou várias) de vinho.
- *Você tem sentido com frequência maior e mais severamente sintomas de privação?* Estes sintomas podem incluir tremores (de mãos) ou transpiração.
- *Você tem sentido ansiedade e sentimentos de culpa pela manhã?* Estes sentimentos podem exacerbar os tremores e, inversamente, a ansiedade pode agravar os tremores e intensificar-se para ataques de pânico.
- *Você começou a beber de manhã?* Uma maneira comum de aliviar sensações ruins é tomando uma pequena dose – dar uma "rebatida".

Quantos desses comportamentos consegue identificar em sua vida diária? De início, pode ter a sensação de que seu comportamento (beber) está fugindo do controle; para começar, só um pouquinho. Normalmente, quem bebe acredita poder controlar seu comportamento sempre que queira, e, geralmente, sempre amanhã, em vez de hoje. Algumas vezes, ele pode dar-se bem. Mas, frequentemente, não é isso que acontece, e seu consumo de bebida prevalece e os problemas vão se acelerando. Se sente que é isso que está ocorrendo com você, então provavelmente existe um problema.

DETONANDO MITOS

Pessoas que conseguem manter-se em pé durante a bebedeira são dignas de admiração.

Não! Isso pode indicar uma tolerância desenvolvida e o início da dependência alcoólica.

Avaliando o impacto da bebida na sua vida

Outra maneira de avaliar se você tem ou não problema com o álcool é examinando as consequências reais de seu consumo. Quando as pessoas refletem sobre isso, tendem a pensar nas consequências quanto à saúde. Contudo, os efeitos da bebida são bem mais amplos, e podem afetar toda a sua vida, como relacionamentos, trabalho e lazer.

O ÁLCOOL AFETA TODAS
AS FUNÇÕES CORPORAIS

INCLUINDO:

- cérebro – perda de memória e compreensão;
- coração – hipertensão arterial e ataque cardíaco;
- fígado – cirrose;
- sexual – impotência;
- esôfago e estômago – câncer;
- nervos – dormência;
- ... e muito mais.

As consequências que se experimentam são frequentemente muito maiores do que meramente os efeitos do álcool. De fato, muitas delas são devidas ao comportamento que acompanha a bebida. Por exemplo, se um indivíduo passa todas as noites no bar, terá pouco tempo para sua esposa ou família, e isso pode causar problemas de relacionamento por negligência. A quantidade de álcool consumido é quase irrelevante; o fato de que ele nunca está presente para construir relacionamentos ou participar do que acontece em casa é que é a questão principal.

Obviamente, esse problema está relacionado ao álcool e seria insensato considerar os problemas ou as questões isoladamente. Não obstante, é isso que muitas das avaliações de álcool costumam fazer: elas focam apenas no consumo, e não nos comportamentos que o acompanham. Para obter maior compreensão, esta última avaliação irá conduzi-lo a uma abordagem mais holística. Ela considera as consequências do consumo de álcool e, por essa razão, o dano e a extensão do problema. Esse método será útil aos capítulos posteriores porque lhe dará uma ferramenta para construir sua motivação para mudar, bem como um método de avaliação de sua recuperação.

DETONANDO MITOS

Álcool dá energia.

Não! Álcool é um depressor e, na verdade, deixa a pessoa sonolenta.

Os quatro "bem"

Uma vez que os efeitos da bebida influenciam em várias áreas da vida de uma pessoa, pode ser difícil fazer uma avaliação precisa do nível do problema. Por onde começar? Em que focar? Há também a questão das circunstâncias e das atitudes individuais – o que representa um problema para uma pessoa, pode não sê-lo para outra.

Para exemplificar esse ponto, deixe-me contar-lhe sobre um cliente que tive há anos. Eu era relativamente novo no aconselhamento sobre álcool e trabalhava em uma unidade de alcoolismo em um grande hospital psiquiátrico. Muitos dos pacientes encontravam-se numa fase grave do espectro de problemas com o álcool. Certo dia, a polícia trouxe um velhinho para internação. Ele havia jogado um tijolo pela vitrine de uma loja de departamentos, numa das ruas mais movimentadas da cidade, e roubado duas camisas.

Sentei-me com o paciente e falei sobre bebida, apontando os problemas que isso lhe estava causando. Expliquei longamente que ele voltaria mais uma vez para a prisão e sugeri que isso poderia ser uma razão muito boa para ele parar de beber. Ele apenas me encarou com um olhar meio paternalista e disse: "Filho, sou um sem-teto. Vivo nas ruas há anos. O inverno está chegando e faz frio demais na rua. Se eu for para a prisão, consigo uma cama num lugar quente, três refeições por dia, e revejo alguns velhos amigos". Embora, para mim, ir para a prisão fosse um verdadeiro impedimento para o consumo da bebida, para ele a prisão era algo bom. Na verdade, ajudava-o a sobreviver durante o inverno.

Aprendi uma lição bem valiosa naquele dia: o que motiva as pessoas varia a cada caso. A motivação é algo bastante individualizado, razão pela qual a avaliação a seguir é tão útil, pois usa a análise da própria pessoa sobre o que ocorre na vida dela. Não é uma lista que se assinala ou um questionário preconcebido. *Você* cria a lista de questões e decide, de acordo com a extensão do problema, o que cada questão representa.

Quando se executa uma avaliação holística, é necessário fazer uso de uma ferramenta suficientemente focada para guiá-lo, mas também bastante flexível para que seja capaz de assimilar as questões de qualquer pessoa. É disso que tratam os quatro "bem", uma ferramenta simples, mas poderosa, para assimilar suas questões. Cada "bem" representa uma área de sua vida:

- *Bem-estar* – saúde.
- *Bens* – finanças e questões relacionadas ao trabalho.
- *Bem-vindo* – seus relacionamentos.
- *Bem-aventurança* – outros aspectos de sua vida (por exemplo, lazer e espiritualidade).

Então, como você vai usar essa ferramenta?

Agora é com você!

Usando os quatro "bem"

Antes de começar este exercício, pegue uma folha de papel formato A4, uma caneta esferográfica e três canetas marca-texto: uma verde, uma amarela e uma vermelha. Em seguida, vá a um lugar onde não será perturbado por uma hora.

Pegue a folha de papel e trace uma cruz nela, de modo a dividi-la em quatro segmentos iguais. No topo do segmento superior esquerdo, escreva "bem-estar"; no segmento superior direito, escreva "bens"; na parte inferior à esquerda, escreva "bem-vindo", e no segmento inferior à direita, escreva "bem-aventurança". Agora você está pronto para executar sua avaliação.

Reflita sobre cada área de sua vida e sobre preocupações que tenha. Assim que surgir alguma preocupação em sua mente, anote-a imediatamente. Você também deve registrar preocupações que outras pessoas (por exemplo, cônjuge, chefe, amigos) tenham expressado sobre seu consumo de álcool. Não tente censurar ou avaliar o impacto das questões nesse estágio. Isso virá depois.

- *Bem-estar* – Considere sua saúde e anote todas as questões com as quais esteja preocupado, principalmente se elas estiverem ou você achar que estejam relacionadas ao álcool. Pode tratar-se de problemas gástricos, problemas psicológicos ou de humor, problemas sexuais e outros.
- *Bens* – Considere suas finanças e, novamente, anote qualquer coisa que lhe venha à mente. Pense em questões comuns, como dívidas, fluxo de caixa, empregos perdidos.
- *Bem-vindo* – Considere seus relacionamentos, família e amigos. Anote quaisquer questões relacionadas à bebida das quais possa se lembrar.
- *Bem-aventurança* – Considere outras esferas de sua vida, tais como quão realizado você se sente. Sua vida é o que você esperava que fosse? Ela tem significado? Você tem passatempos?

Assim que terminar de preencher a folha, é hora de fazer a avaliação de cada preocupação. Examine cada uma que anotou e decida se é uma preocupação menor ou nenhuma, se é uma preocupação média ou se é uma grande preocupação. Com as canetas marca-texto assinale cada preocupação usando um sistema de sinal de semáforo: verde para uma preocupação menor ou nenhuma, amarelo para uma preocupação média, e vermelho para uma grande preocupação.

Analisando a avaliação

Agora, observando a folha de papel, é possível ver:

- se há grandes preocupações em sua vida associadas com a bebida;
- quantas grandes preocupações existem;
- em que áreas de sua vida se encontra a maioria de seus problemas.

Se não anotou nenhuma preocupação em nenhuma das áreas de sua vida, ou se qualquer que tenha escrito esteja marcada em verde, isso quer dizer que sente não haver problema com a bebida e que não existe necessidade de mudança.

Se as preocupações são uma mistura de amarelo e verde, você pode ter algumas preocupações moderadas, mas ainda sente que não há necessidade – ou apenas pouca necessidade – de mudança.

Se, porém, houver apenas uma preocupação marcada em vermelho em sua folha, fica claro que existe pelo menos uma grande preocupação que exige mudança em seu comportamento com relação à bebida.

Atenha-se a esta avaliação, pois irá usá-la novamente mais adiante.

3. CONSTRUINDO MOTIVAÇÃO PARA A MUDANÇA

Poucos de nós acordamos certa manhã e, sem qualquer razão específica, decidimos mudar de vida, de trabalho, de país, ou o padrão de consumo alcoólico. Os seres humanos não funcionam dessa maneira. A maioria de nós gosta de manter sua rotina. Imagine, por um momento, como o mundo seria se não houvesse rotina, ordem ou permanência. Não seríamos capazes de prever ou antecipar nada! O sol poderia ou não se levantar de manhã; as pessoas conduziriam seus carros em qualquer lado da rua que quisessem; você poderia ou não ter o emprego que tinha ainda ontem; a palavra "olá" poderia ser um desafio para lutar hoje. Ou seja – caos!

Motivação – positiva e negativa

Como seres humanos, geralmente não gostamos de mudança. Pensamos que permanecer iguais significa as coisas estarem em ordem; mudança denota que algo não vai bem. Bom, isso não é totalmente verdadeiro: às vezes, mudança significa "melhorar". Anunciantes se valem desse fato – "Use este sabão em pó para ter uma vida melhor" ou "Desfrute do luxo de beber tal marca de café". Isso é chamado de "motivação positiva", mudar para conseguir algo bom. Embora nem sempre seja essa a sensação, a maioria de nós vai trabalhar por causa da motivação positiva – dinheiro! O chefe nos paga; então, trabalhamos. Se o chefe deixasse de nos pagar, quantos de nós continuariam a comparecer ao trabalho?

Outro tipo de motivação é a "motivação negativa": mudamos para evitar ou impedir que algo de ruim aconteça – por exemplo, dirigir devagar ao passar por um radar de trânsito, evitar áreas perigosas da cidade à noite, ou não comer algo que sabemos que nos fará mal. Alguns psicólogos argumentam que todo comportamento, incluindo a mudança, pode ser explicado pelas motivações que temos em nossa vida.

Qual a relevância disso para mudar nosso comportamento com a bebida? Bem, o pensamento corrente sobre vício sugere que a motivação está no seu âmago. Colocado de modo simples, as pessoas são motivadas a beber porque elas querem obter coisas boas – sentir-se bem, confiantes, relaxadas –, e são motivadas a mudar para evitar coisas ruins – sentir-se mal, problemas de saúde, de relacionamento.

Portanto, se quer ter sucesso na mudança de seu comportamento com relação à bebida, sua motivação para sair dessa situação terá de ser mais forte que a para beber. Isso inclui não apenas começar a mudança, mas também mantê-la. Atribui-se a Mark Twain esta frase: "Deixar de fumar é fácil. Fiz isso centenas de vezes". O ponto é que pode ser fácil parar, mas não é tão fácil manter essa decisão.

> ## O QUE AS PESSOAS DIZEM...
>
> Desejo mudar porque...
>
> - "Quero ver meus filhos crescerem."
> - "Não quero que meu casamento acabe."
> - "Estou preocupado com a minha saúde."
> - "Tenho vergonha de meu comportamento quando bebo."
> - "Sinto que estou perdendo o controle sobre a bebida."

Áreas de preocupação revisitadas

A avaliação do último capítulo pode ter agora um enorme valor para você. Os problemas que identificou são as razões para alterar seu comportamento de consumo de álcool: reduzir ou, preferencialmente, eliminar esses problemas. Por exemplo, se está ameaçado de demissão do emprego, então esse é um claro incentivo para mudar; se sua esposa ameaçou deixá-lo, esse também é um incentivo para a mudança. Portanto, a avaliação pode ser sua maior fonte para dar início a essa transformação.

Agora é com você!

Reveja a avaliação e decida onde a maioria dos problemas se encontra: bem-estar, bens, bem-vindo ou bem-aventurança. Isso lhe mostrará que área de sua vida está mais afetada ou com qual se preocupa mais. Lembre-se de que não é apenas o

35

número de problemas que importa. Pode haver muitos pequenos problemas que, embora indesejáveis, têm pouco efeito sobre seu comportamento. Por outro lado, um grande problema pode fornecer um impulso enorme na motivação para ajudá-lo em momentos de baixa que o levem a uma recaída.

Em sua avaliação:

- Há preocupações às quais você dá maior importância?
- Há uma preocupação que o faça dizer: "Não quero que isso continue, quero mudar"?
- Ou há todo um conjunto de problemas que torna sua vida difícil e o faz querer mudar?

Anote essas preocupações em um cartão, folha de papel, diário, no desktop de seu computador, ou em todos eles. Afixe a folha na geladeira, no seu local de trabalho, no espelho de seu quarto; coloque-a em sua carteira. Essas preocupações lhe fornecem motivação e você precisa lembrar-se regularmente da razão de estar procurando mudar.

Haverá dias em que sua mente irá sussurrar: "Não sou tão mau assim... não é um problemão... talvez não faça mal eu beber novamente". Isso é algo que iremos discutir mais extensamente no capítulo 8. Ter sempre com você um cartão ou uma folha de papel será um lembrete regular e poderá ajudá-lo a manter a motivação. Contudo, manter esse pedaço de papel sem lê-lo não causará efeito nenhum. Iniciar o dia com um lembrete irá colocá-lo no estado de espírito perfeito para um dia bem-sucedido.

Prós e contras

Outro exercício útil ao construir motivação é olhar para as consequências, tanto boas quanto más, decorrentes de mudar ou não seu comportamento.

Agora é com você!

Você precisará de uma folha de papel sulfite, uma caneta, e de um lugar tranquilo onde não será interrompido por meia hora. Comece desenhando uma cruz no papel, para dividi-lo em quatro segmentos iguais. Ao longo do topo da página, para os dois segmentos superiores, escreva "Prós" e, abaixo do centro, para os dois segmentos inferiores, escreva "Contras". No topo do papel, do lado esquerdo, escreva "Sem mudança"; do lado direito, escreva "Mudança". Agora está pronto para fazer o exercício.

No segmento esquerdo do topo, relacione os prós de não mudar – todas as coisas boas provindas de seu hábito de beber e as coisas das quais gosta, resultantes de seu consumo de álcool. Você pode anotar sentimentos, companhias, liberdade – inclua qualquer coisa que pense ser boa com relação à bebida.

No segmento abaixo, relacione os contras de não mudar. Isso deve incluir tudo o que você não gosta e que decorre do consumo de álcool. Podem ser algumas ou todas as consequências que listou nas áreas do exercício de preocupação.

Agora, olhe para os prós e contras de mudança nos outros segmentos. A fim de tornar este exercício significativo, você deve abordá-lo a partir de uma ideia bem definida de qual será sua meta de mudança. Por exemplo, pode decidir que quer ficar abstinente ou que quer reduzir o consumo de bebida alcoólica. Obviamente, os prós e os contras dessas metas podem ser bem diferentes. Você pode usar essa técnica para comparar os prós e os contras das diferentes metas.

Frequentemente, pessoas que beberam bastante e durante muitos anos consideram difícil pensar em algo que seja favorável à mudança. Tudo que conseguem pensar é que os resultados ruins serão reduzidos ou erradicados. Há, porém, muitas coisas que podem ser incluídas nesse segmento. Por exemplo, existe um hobby, um esporte, ou um passatempo que sonhe em praticar, mas para o qual nunca teve tempo? Há algo especial que gostaria de comprar para você, seu cônjuge ou seus filhos, com o dinheiro que economizar, deixando a bebida? Ou, talvez, possa querer estudar ou aprender uma nova habilidade?

O que você irá incluir nessa seção será bem diferente, caso veja isso como uma oportunidade, em vez de uma perda. Para muitas pessoas que mudaram os hábitos de beber, foi de fato uma oportunidade para transformar toda a sua vida e perspectiva, e muitas delas passaram a viver bem melhor do que jamais pensaram que fosse possível.

Vítima ou vitorioso?

O modo como você encara a mudança pode ser um fator importante para ser bem-sucedido ou não. Se a enfrenta com uma atitude de vítima – como muitas pessoas o fazem – , como se o álcool estivesse sendo "tirado" de você, achará muito difícil lidar com isso quando suas outras defesas estiverem baixas e ansiar pela bebida.

Por outro lado, você pode ver isso como uma oportunidade de fazer algo diferente, para realizar algo com que sonha há anos. Essa é uma atitude bem mais positiva, e ela pode conduzi-lo através dos tempos difíceis. Pesquisas mostram que pessoas que se recuperaram de vícios descrevem suas batalhas como uma série de diferentes "histórias de recuperação". Contudo, uma coisa geralmente está clara em todas elas: veem-se como heroínas da história, não como vítimas. O importante é que as pessoas envolvidas vejam a transformação e a recuperação como algo muito positivo, não como algo negativo. Elas são vencedoras, fizeram uma escolha positiva, e não vítimas, cujo prazer está lhes sendo negado.

Portanto, tente ser positivo e veja a mudança como uma oportunidade, e todo o processo será bem mais fácil e mais provável de ser bem-sucedido.

ALGUNS VITORIOSOS QUE CONHEÇO

- Uma mulher que abriu diversos negócios e ficou milionária.

- Um homem que diz ser mais feliz do que nunca e que viu seu neto nascer.

4. DEFININDO SEU OBJETIVO

Nos capítulos 1 e 2 você avaliou a extensão de seu problema com a bebida, e no capítulo 3 começou a construir motivação para a mudança. Neste capítulo, iniciará o processo de mudança com a definição de seu objetivo de consumo de bebida.

Obviamente, é necessário que defina essa meta. Você visa à abstinência, ao controle da bebida, ou à redução de consumo? Quando se é dada a opção de escolha, a maioria das pessoas opta por conseguir controlar ou reduzir o consumo de álcool. Raramente, abstinência é o primeiro objetivo escolhido, a não ser que tenha tentado, no passado, controlar a bebida ou parar de beber e isso tenha sido algo extremamente difícil. Todavia, deixando de lado a primeira escolha ou sua história no momento, vejamos algumas diretrizes que possam dar-lhe informações para a escolha de um objetivo.

Objetivos

Ao tomar uma decisão sobre o consumo de álcool, você deve analisar de modo bem atento e honesto as avaliações que realizou. Se suas avaliações têm qualquer uma das características a seguir, deve considerar seriamente pelo menos um período temporário de abstinência:

- você fez seis ou mais pontos no questionário RÁPIDO;
- sua avaliação de "áreas de preocupação" tem problemas graves (vermelho) na categoria "bem-estar";
- sua avaliação de "áreas de preocupação" tem problemas graves (vermelho) na categoria "bem-vindo", relacionados à sua família e/ou parceiro;
- você está mostrando sinais de dependência (por exemplo, privação).

Um período temporário de abstinência pode ser uma estratégia bem útil para iniciar o processo de mudança. Pesquisas mostram que indivíduos que se mantêm abstinentes por um período breve são mais bem-sucedidos a longo prazo, pelas seguintes razões:

- em primeiro lugar, abstinência reduz a tolerância, de modo que o álcool tem um efeito maior em doses menores;
- em segundo lugar, abstinência permite que as habilidades cognitivas embotadas pelo álcool melhorem significativamente;
- em terceiro lugar, a abstinência permite que você comece a lidar com tentações, anseios e pressão social para beber.

Normalmente, é recomendado um período de abstinência temporária de um a três meses. Prefiro três meses. Quando as pessoas bebem muito, frequentemente existe um aspecto de hábito envolvido na bebida. Hábitos arraigados demoram a ser mudados, e o mesmo acontece com a aquisição de hábitos novos e mais saudáveis.

> Até há poucos anos eu era fumante. Fumava em meu carro, ao dirigir para o trabalho, e todas as manhãs, ao passar no caminho por uma determinada placa de orientação de destino, acendia um cigarro. Essa placa marcava a parte final de minha rota e era meu último cigarro antes de chegar ao trabalho. Mesmo um bom tempo depois de deixar de fumar, ainda sentia um forte desejo de fumar quando passava por essa placa. Levou um longo tempo para essa associação deixar de existir.

O mesmo ocorre com a bebida. Há lugares, pessoas, situações e sentimentos associados à bebida. Leva tempo para essas associações esmorecerem e se conseguir controle sobre o álcool.

Um período de abstinência também lhe dará tempo para refletir sobre suas avaliações, e, talvez, para reduzir algumas das dificuldades que tenha em casa, de modo que novos relacionamentos possam ser engendrados e outros, mais antigos, possam ser reparados. Fisicamente, isso também dará tempo a seu corpo para consertar e curar danos relacionados ao álcool.

Algumas pessoas que fizeram abstinência temporária de três meses se consideram mais felizes agora que pararam de beber e resolveram permanecer assim. Outras voltam a beber, mas em quantidade reduzida. A abstinência temporária não é compulsória, mas é fortemente recomendada.

Assim, é hora de escolher seu objetivo:

- abstinência;
- consumo controlado;
- redução da bebida.

Abstinência

Embora qualquer objetivo deva ser de escolha do indivíduo, às vezes a abstinência é extremamente indicada pela avaliação. Por exemplo, parar de beber é fortemente recomendado em casos em que há danos hepáticos graves, pois o consumo de álcool adicional apenas iria exacerbar o problema. Da mesma forma, para pessoas com comprometimento cognitivo grave, devido a uma lesão cerebral alcoólica (encefalopatia de Wernicke e/ou psicose de Korsakoff), o consumo ulterior apenas aumentaria o dano.

Abstinência é igualmente indicada quando:

- fez numerosas tentativas malsucedidas de controlar a bebida no passado;
- a avaliação indica um alto nível de dependência;
- sintomas de privação incluíram DTs (*delirium tremens*) e/ou convulsões;
- a abstinência é um desejo do indivíduo.

Se está experimentando qualquer uma ou todas as situações citadas, então está fortemente aconselhado a buscar um objetivo de abstinência, em vez de reduzir ou controlar o consumo de álcool.

Caso ache que não conseguirá considerar a abstinência total, então tente abstinência temporária. Tente por um mês ou preferivelmente por três meses. Após dois meses de abstinência, a decisão poderá parecer bem diferente.

Consumo controlado

Muitas pessoas que lidam com problema de bebida creem que o consumo controlado é a opção mais fácil e melhor, mesmo tendo apenas uma vaga ideia do que isso realmente implica. Frequentemente, pessoas que fazem esse tipo de opção acreditam que, de alguma maneira, isso lhes permitirá continuar a desfrutar da bebida, mas que beberá de forma segura. Às vezes, acham que serão capazes de beber "normalmente". Contudo, ingerir álcool "normalmente" em geral significa não apenas que não há restrições para o consumo do álcool, mas também que não há nenhuma necessidade para isso.

Consumo controlado significa exatamente isso: a bebida agora é controlada. Significa que existem agora certas regras e regulamentações em torno do consumo de álcool. Essas regras são as que você mesmo se fixou, ou podem ser as recomendadas por médicos ou outros terapeutas que trabalham nessa área. Seja qual for sua escolha, agora o consumo de bebida é controlado – uma quantidade determinada em um tempo estipulado. Por exemplo, é recomendado que uma mulher não beba mais que três unidades, e um homem não mais que quatro unidades em qualquer ocasião, que não beba mais que três ou quatro dias por semana, e que não beba mais que uma dose por hora.

Para algumas pessoas que bebem quantidades consideráveis, essas restrições podem significar que elas não mais desfrutarão da bebida. Muitas delas, em vez de continuarem com o consumo controlado, irão optar por abstinência, que consideram mais fácil.

Reduzir a bebida

Outra opção que as pessoas muitas vezes preferem em lugar da abstinência é redução. Isso lhes permitirá continuar a beber e a manter as coisas que considera positivas com relação ao álcool, enquanto elimina ou, pelo menos, diminui as negativas.

Contudo, se reduzir a bebida começa a ter sentido, então é preciso fazer isso em um nível em que não cause mais problemas. Repetindo: isso significa reduzir a um nível considerado seguro. O que nos leva de volta aos limites recomendados de três/quatro unidades por dia e não mais que catorze/vinte e uma unidades por semana; portanto, ainda contém um elemento de controle.

Evidentemente, você pode enxergar esses limites como restritivos demais e, em vez disso, decidir que qualquer redução é um passo positivo. Embora isso possa de fato ser verdadeiro, a menos que tenha um plano definido e estabeleça limites definidos, verá que a ingestão de bebida irá começar a aumentar novamente. Mesmo que decida que a redução é o seu objetivo, ainda assim é fortemente recomendável que passe por um período de abstinência. Todavia, se decidiu não seguir seu objetivo e está determinado a colocar imediatamente em prática a redução de álcool, você encontrará algumas dicas sobre como conseguir isso no capítulo 7.

5. ENVOLVENDO OUTRAS PESSOAS

Provavelmente você estará se perguntando se deveria contar às pessoas sobre sua decisão de parar de beber. Como auxílio para essa decisão, apresento alguns pontos negativos e positivos com relação a isso. Trata-se de sugestões em geral, que servem para qualquer pessoa. Pode ser, no entanto, que queira fazer uma análise mais específica para você.

Os pontos negativos

A primeira e a mais óbvia razão para não contar aos outros é a vergonha e o estigma ligados ao fato de ser um alcoólico problemático. Ninguém gosta de admitir que tem problema com álcool, ou até mesmo que tem um problema com qualquer coisa que seja. Contudo, a pessoa com problema com a bebida geralmente parece ser a última a ter conhecimento disso. Independentemente de quão espertas as pessoas pensam ser, ou quão bem pensam ter ocultado seu consumo de álcool, amigos próximos e a família geralmente estão bem conscientes do problema. Eles podem, inclusive, ter-se perguntado por algum tempo como abordar o assunto com você. Possivelmente discutiram a questão entre eles, mas podem ter ficado receosos de que isso o afastaria. Assim, conversar com eles pode liberá-los para abordar uma questão que está ameaçando o relacionamento de vocês.

A segunda razão é o medo de ser evitado pelos amigos ou pela família. Isso é quase certamente uma preocupação desnecessária.

• •

Sua família, com grande probabilidade, já sabe de seu problema com a bebida e de sua batalha. Com certeza, eles (seus amigos e sua família) têm acompanhado sua deterioração, tendo em vista que o álcool se tornou mais importante para você, enquanto eles foram deixados de lado. Apesar disso, possivelmente continuaram dando-lhe apoio.

• •

Abrir-se com seus amigos e familiares pode até aproximá-los mais, uma vez que desejarão ajudá-lo em sua batalha.

Se não lhe deram suporte, então você não tem nada a perder ao abrir-se com eles. Na verdade, pode ser que não se abrir ou admitir seu problema tenha causado certo distanciamento entre vocês. Assim, abrir-se agora pode ajudar a reparar essa ruptura.

Você pode ter problemas com o álcool há um tempo considerável, tendo buscado ajuda ou prometido mudar anteriormente. Então, possivelmente teme dizer que está tentando outra vez. Pode recear que as pessoas não acreditem em você – porque compreende que elas têm boas razões para não fazê-lo. Pode sentir que não será levado a sério. É uma situação difícil, e você precisa tentar ver as coisas da perspectiva das outras pessoas. Não pode obrigar as pessoas a acreditarem em você. No entanto, vale a pena apontar-lhes que pesquisas mostram que poucas pessoas com problemas relacionados ao consumo de álcool mudam na primeira ou até na segunda tentativa, porém, que as chances de uma transformação positiva definitivamente aumentam quando se continua tentando, e é exatamente isso que está fazendo – está tentando mudar!

Você pode achar que, se disser em alto e bom som, que tem dificuldades com a bebida, não haverá volta e o mundo nunca mais será o mesmo. Essa é uma situação assustadora, porque implica que aceita ter um problema e que precisa fazer algo quanto a isso. Contudo, se não compreender a necessidade de mudança, não será bem-sucedido!

Uma razão similar para querer manter-se calado é o medo de não obter êxito no processo. Esse é um medo que a maioria das pessoas terá no início de qualquer nova tentativa ou qualquer tipo de mudança. Pode haver até mesmo algumas dúvidas dolorosas, porque já fez uma tentativa no passado e foi malsucedido, e agora teme que o resultado seja idêntico. Este pode ou não ser o caso. Contudo, se entender o que deu de errado no passado, preparar-se da melhor maneira na construção de sua motivação, planejar-se para a mudança, permanecer comprometido e seguir as sugestões deste livro, haverá uma grande chance de que desta vez seja bem-sucedido.

Os pontos positivos

A primeira e a mais importante vantagem de expor suas dificuldades a outras pessoas é a ajuda e o apoio que elas podem lhe dar. Quando se sentir deprimido e sobrecarregado pelo esforço da mudança, seus amigos e sua família podem ajudar a levantar seu ânimo e sua determinação.

Se você se encontra em uma situação que envolve bebida – por exemplo, em uma festa, um restaurante, ou uma celebração –, ter pessoas ali que cuidem de você é inestimável. Eu sempre achava que tê-las por perto era de grande ajuda caso minha determinação começasse a fraquejar. Elas podem agir como nossa consciência, quando nossa força de vontade esmorecer; ficamos bem menos propensos a beber, quando há alguém presente que conhece o nosso problema.

A revelação une as pessoas. Forma um vínculo de confiança implícita entre elas. Se seus relacionamentos se deterioram por causa da bebida, como costuma acontecer com quem tem problemas relacionados ao consumo de álcool, então fazer a revelação possivelmente irá melhorá-los. Pois isso faz as pessoas sentirem que está se movendo em direção a elas e se esforçando.

A revelação também faz bem a você. Ela fecha portas para escapatórias, e o impede de ficar dizendo para si mesmo "eu não era tão ruim assim", tornando-o responsável perante as pessoas para as quais se abriu. Você não vai querer olhá-las nos olhos e lhes dizer que falhou ou, pior, que não se preocupou em tentar.

Evidentemente, a decisão sobre revelar ou não cabe exclusivamente a você. Deve, definitivamente, ser cuidadoso quanto a como e para quem irá se abrir. Pergunte-se se, agindo assim, estará prejudicando alguém – por exemplo, isso pode causar embaraço a algum parente que tenha notoriedade. É também aconselhável não se arriscar – por exemplo, contar a seu chefe, caso isso signifique ser demitido. Avisos à parte, a revelação é geralmente um passo positivo e pode ser de grande ajuda para o compromisso e, em última análise, para a recuperação. Em geral, as pessoas respeitam muito mais quem está tentando mudar do que alguém que persiste no erro!

Preciso frequentar o AA (Alcoólicos Anônimos)?

Esta é outra decisão pessoal. Algumas pessoas amam o AA, outras não. Certamente vale a pena conferir por si próprio, uma vez que é difícil dizer se irá gostar ou não. O que podemos dizer, com certeza absoluta, é que existem poucas pessoas que vão de boa vontade e com alegria para seu primeiro encontro no AA.

Se não tem intenção de permanecer abstinente, então o AA provavelmente não é indicado a você. As tradições do AA estabelecem: "a única exigência para tornar-se membro é a vontade de parar de beber". Assim, provavelmente não é um lugar onde alguém que está indeciso quanto a parar de beber vá se sentir confortável. Se seu objetivo é a abstinência *temporária*, você pode até se sentir confortável no AA, mas é algo improvável.

Pesquisas recentes do AA mostraram que as pessoas que estavam em tratamento de álcool e também participavam do AA foram mais bem-sucedidas em permanecer abstinentes do que as que não participavam do grupo. Portanto, há algumas boas provas de que funciona.

Onde meu médico se encaixa?

Seu médico pode ser bastante útil no processo de mudança. Se você é moderadamente dependente (experimentando privação moderada), então seria bom falar com seu médico. Se é dependente moderado, grave ou muito grave, então é fortemente recomendado que procure um médico, antes de iniciar o processo de mudança.

Os médicos podem ser uma boa fonte de apoio durante o processo de mudança. Eles podem fornecer apoio emocional e encorajamento, uma vez que provavelmente ajudaram outras pessoas a atravessar o processo. Se você é dependente, parar de beber irá resultar em sintomas de privação. Quanto mais dependente for, maior poderá ser sua probabilidade de ter privações e mais grave elas poderão ser.

• •

Se teve DTs ou convulsões no passado, você deve contatar um médico com urgência, antes de parar de beber. *Delirium tremens* é uma emergência médica e pode ser fatal, caso não seja tratada adequadamente.

• •

O médico também pode ajudar com conselhos sobre vitaminas e minerais. Beber álcool pode causar falta de determinadas vitaminas e sais minerais, o que pode levar a doenças sérias – por exemplo, tiamina é essencial para o funcionamento do cérebro e a falta dessa substância pode conduzir a danos cerebrais irreversíveis.

Uma vez sóbrio, você também pode querer verificar sua saúde em geral, que pode ter sido negligenciada durante o período de consumo de bebida. Você pode achar que seu padrão de sono está confuso, ter dificuldade para pegar no sono ou para dormir, ou pode ter pesadelos. Tudo isso é bastante comum e pode ser bem angustiante nos primeiros dias de recuperação. Então, um médico pode ajudá-lo a passar por esse período.

Assim, consultar um médico e envolvê-lo desde o início no processo de mudança é um passo sensato, e, se você for dependente, é essencial.

6. AGORA É SÓ SE PREPARAR E IR EM FRENTE

Você já tomou a maior parte das decisões importantes necessárias e está pronto para entrar em ação. Vamos dar uma olhada na lista de verificação, antes de dar o próximo passo.

1. Você fez a avaliação — Sim/Não
2. Você fez os exercícios de motivação — Sim/Não
3. Você se decidiu sobre um objetivo para mudar
   – Abstinência/Abstinência temporária — Sim/Não
4. Você se decidiu sobre revelar ou não
   à sua família — Sim/Não
5. Você se decidiu sobre revelar ou não
   a seus amigos — Sim/Não
6. Você se decidiu a frequentar ou não o AA — Sim/Não
7. Você se decidiu a consultar ou não
   o seu médico — Sim/Não

Fixando uma data

O próximo passo é fixar uma data para parar de beber. Obviamente, isso deve ser feito o mais rápido possível e, se há uma emergência médica, então talvez necessite levar algumas coisas em consideração. Por exemplo, pode ser difícil parar em uma época de celebração – aniversário, Natal, ou datas comemorativas. Tente fixar a data em um período em que sua vida esteja razoavelmente tranquila e com baixo nível de estresse. Se estiver empregado, é bom dar início ao processo quando estiver de férias ou puder ter folga. Então, se realmente tiver sintomas de privações, pelo menos estará longe do trabalho. Por outro lado, caso não espere privações, poderá ser benéfico estar trabalhando, pois isso pode ajudar a mantê--lo ocupado. (Ainda assim, você deve estar consciente de que privações podem ocorrer.)

Preparar-se

Após ter fixado a data, tente e reduza a bebida antes dessa data, de modo que suas privações sejam diminuídas. Embora possa ser tentador, não cometa exageros na noite anterior ao início da abstinência, pois isso apenas tornará suas privações ainda piores. Você, com certeza, deseja que seu primeiro dia de abstinência seja tão agradável quanto possível.

Se decidiu que irá abrir-se com a família e/ou amigos, deve fazê-lo antes da data de início da abstinência. Vai ser bom poder contar com todo apoio possível durante esses primeiros dias e semanas; por isso, tenha as pessoas a seu lado desde o início.

Se está planejando frequentar o AA, então é sensato fazer contato antecipadamente. Você pode encontrar os grupos do AA através da internet. Ligue e se informe sobre horários e endereços e, caso queira, combine com alguém que já é frequentador do grupo para que lhe possa fazer companhia nesse primeiro encontro. Ou para que, ao menos, esteja lá no horário do encontro para dar-lhe as boas-vindas e apresentá-lo aos outros membros. Este é um gesto inestimável, pois você pode sentir-se deslocado e embaraçado de início.

Existem também encontros do AA *on-line* em salas de bate-papo que fornecem apoio a pessoas com problemas relacionados ao álcool.

Você também deve contatar um médico e colocá-lo a par de seus planos. Ele pode ajudá-lo com medicamentos que irão minimizar qualquer privação que possa vir a experimentar.

Antes do dia da mudança, você deve estocar alguns itens que lhe facilitarão passar os primeiros dias. Se sofrer sintomas de privações, precisará manter-se hidratado, então faça um estoque de sucos e refrigerantes. Esta não vai ser uma semana propícia para se preocupar com seu peso, e bebidas doces costumam ajudar a lutar contra desejos.

Estoque alguns alimentos favoritos. Você pode achar que está sem apetite, especialmente se esteve bebendo excessivamente por algum tempo. É também muito comum sentir-se doente e ter diarreia, à medida que as toxinas do álcool deixam o corpo. Se conseguir, procure se alimentar. Caso não, ingira bastante líquido. Esse estágio passará.

Consiga algo que o mantenha entretido. É comum, nos primeiros dias de abstinência, achar que o tempo está se arrastando. Assim, ter algumas revistas, livros ou filmes à disposição pode ajudar a passar o tempo. Lembre-se de que, principalmente durante a primeira semana, pode ter dificuldades em se concentrar, de modo que ler um livro ou resolver palavras cruzadas possivelmente se mostrará impossível. Saiba que isso é bastante normal e que sua concentração irá voltando aos poucos.

Por fim, assegure-se de que tem tudo de que possa precisar e que não esqueceu nada – especialmente algo que signifique ir até a padaria ou o bar da esquina, onde se vende álcool. Evite essa tentação. Se tiver qualquer bebida alcoólica em casa, é uma boa ideia livrar-se dela. Se não pode, porque pertence a outra pessoa, então peça que a coloque em um lugar em que não seja capaz de vê-la, para evitar a tentação.

Agora você está pronto para o grande dia!

Você pode ter de repetir esse padrão por alguns dias, dependendo do seu nível de dependência e da dimensão de suas privações. Normalmente, as privações duram entre três e cinco dias, embora possam ocasionalmente perdurar um pouco mais. Você deverá sentir-se fisicamente bem melhor após a primeira semana. Deve congratular-se por ter alcançado uma semana de abstinência. Isso é uma verdadeira proeza e, dependendo do seu estilo de consumo de bebida, pode ser o tempo mais longo que conseguiu passar sem uma dose.

Agora, precisa manter essa abstinência. No capítulo 8, retornaremos ao tema da recaída e falaremos sobre como evitá-la. Nesse ínterim, veremos como reduzir o consumo.

1º DIA

No primeiro dia de mudança...

- Permita-se dormir até mais tarde, caso consiga.

- Leia os cartões de motivação e mantenha-os à mão, de modo que possa visualizá-los regularmente durante o dia.

- Tente e mantenha pessoas à sua volta que possam ajudá-lo e apoiá-lo, mas não irritá-lo. Diga-lhes o que quer/necessita delas.

- Beba muito líquido (obviamente nada alcoólico).

- Coma, se conseguir; não force, caso não consiga.

- Dê um passeio, se sentir vontade. Encontre alguém que possa acompanhá-lo e evite qualquer ponto comercial que venda bebidas alcoólicas. Deixe seu dinheiro e cartões de crédito em casa.

- Assista à TV e a filmes, leia revistas e livros para passar o tempo.

- Tente não dormir, caso sinta sono durante o dia – deixe para dormir à noite.

- Vá para a cama cedo e tente dormir. Caso não consiga, não se preocupe. Seu padrão normal de sono voltará em pouco tempo.

7. REDUZINDO O CONSUMO

Você realizou as avaliações nos capítulos 1 e 2 e decidiu que reduzir o consumo de álcool é o melhor a fazer. Para que essa estratégia funcione, deve planejar um pouco. Este capítulo o levará através dos diversos passos que deve seguir para assegurar-se de que está reduzindo o consumo de bebida a um patamar em que não mais terá problemas.

Reduzir o consumo pode ser difícil, principalmente se não tem uma ideia clara de como pretende alcançar isso. Assim, precisará planejar cuidadosamente. Quanto irá beber em cada ocasião, ou em uma semana? Quantos dias ficará sem beber? Como irá comportar-se quando lhe oferecerem uma bebida? Essas são questões sobre as quais você deverá pensar e responder para iniciar com sucesso o processo de redução de álcool.

Encontrando o padrão de consumo de bebidas

A primeira tarefa é consultar o diário de bebida que completou no capítulo 1. Veja se está numa semana típica de consumo, daí conseguirá definir seu padrão de consumo: os dias nos quais bebe ou não, e os dias nos quais bebe demais:

- Esse consumo ocorre em horários determinados?
- Ocorre em local específico?

61

- Acontece durante certas atividades?
- Envolve pessoas específicas?

Por exemplo, pode ser que na sexta-feira tenha por hábito encontrar amigos depois do trabalho num bar, onde bebem até a hora de fechar. No sábado, podem assistir ao jogo de futebol juntos, bebendo e petiscando. No domingo, talvez encontre outro amigo e novamente saiam para beber, mas nesse dia tome apenas quatro unidades. Isso significa que, dependendo da companhia, você pode beber mais ou menos.

É importante reconhecer as situações de risco, de modo que possa planejar-se para elas. Os riscos podem ser eventos, dias, pessoas ou lugares. Uma vez que identifica esses riscos, poderá planejar como lidar com eles.

Uma maneira óbvia de lidar com um risco é evitá-lo completamente, mas isso pode não ser fácil, se você tem padrões de comportamento fixos – por exemplo, encontro com amigos às sextas e futebol aos sábados. Pense em modos de alterar sua rotina. Por exemplo, em vez de ir beber logo depois do trabalho, passe em algum outro lugar antes, para fazer um lanche, ou saia mais cedo, de modo que fique no bar por menos tempo.

A questão é que terá de fazer mudanças em sua vida e seus hábitos. Assim, talvez seja conveniente informar os outros sobre suas intenções, principalmente se tiver rotinas bem estabelecidas ou padrões de consumo de bebida. Leia a parte sobre informar as outras pessoas sobre sua decisão no capítulo 5. Qual será sua resposta, quando alguém lhe oferecer uma bebida? Vai participar pagando uma rodada?

Dicas para reduzir o consumo de álcool

Seguem algumas dicas e conselhos práticos sobre como você pode reduzir a quantidade de bebida.

Dicas gerais

- Planeje-se de modo a permanecer dentro dos limites semanais de bebida (catorze unidades para mulher e vinte e uma para homem).
- Planeje-se de forma a ficar sem álcool por pelo menos dois dias por semana.
- Tome coquetéis em copos altos (*long drinks*) ao invés de doses pequenas (*shots*); prefira cerveja ou bebidas de baixo teor alcoólico.
- Se é um apreciador de cerveja, beba uma *shandy* (cerveja com limonada) ou uma cerveja de baixo teor alcoólico.
- Regule sua forma de beber e tome goles menores. Não ingira mais de uma dose por hora.
- Não misture bebidas (por exemplo, bebidas fermentadas com destiladas).
- Beba pelo sabor, em vez de pelo efeito.
- Tome bebidas não alcoólicas, especialmente água, entre seus drinques alcoólicos.
- Não segure o copo na mão o tempo todo; se largá-lo entre um gole e outro, beberá menos.

Em casa

- As quantidades com as quais se serve em casa são mais generosas do que as que toma num bar; portanto, coloque menos bebida no seu copo.
- Beba cerveja de baixo teor alcoólico ou vinho ou, melhor ainda, bebidas não alcoólicas.

Antes de sair

- Prepare-se mentalmente para a noite toda que tem pela frente. Lembre-se de sua decisão e de por que a tomou. Quanto mais preparado estiver, mais fácil será.
- Fixe regras quanto ao número de doses que irá ingerir e mantenha-se atento a esses números. Decida que não tomará mais de uma unidade por hora e que alternará com água ou refrigerantes.
- Adie o primeiro copo da noite saindo de casa mais tarde. Quanto mais você adiar, menos tempo terá para beber. Mas não beba mais depressa para tentar compensar o tempo perdido! Lembre-se: se está reduzindo o tempo disponível para beber, então é mais fácil fazer isso saindo mais tarde. Uma vez que tomamos a primeira dose, nosso pensamento muda e nossas melhores intenções se tornam mais difíceis de serem mantidas.
- Não beba de estômago vazio. Alimente-se bem antes. Isso evita de o álcool ir muito rapidamente para a corrente sanguínea.

Uma noitada ou uma festa

Uma noitada ou uma festa pode ser uma ocasião bem difícil para reduzir seu consumo de bebida, principalmente no início do processo. Se possível, leve com você alguém que saiba que está reduzindo a ingestão de álcool e que esteja disposto a apoiá-lo. Converse sobre o que quer fazer, caso sinta que está ficando difícil evitar beber em demasia. Uma forma de lidar com isso é sair mais cedo: assegure-se de que sua companhia ficará feliz em fazer isso, se necessário, e sempre se certifique de que sabe onde essa pessoa está no decorrer da festa.

- Quando acompanhadas, as pessoas tendem a beber na velocidade dos outros; então, tenha certeza de que está imitando o bebedor mais lento, não o mais rápido.

- Não entre em rodadas de bebidas. Isso geralmente aumenta o número de doses que se toma. Se sentir que não conseguirá escapar do ritual de pagar uma rodada, então alterne água ou refrigerantes entre bebidas alcoólicas.

- Aprenda a recusar uma bebida quando oferecida. Pense em uma boa razão para recusar – por exemplo: "Preciso levantar cedo amanhã". Ou faça disso uma brincadeira: "Estão rapidinhos demais para mim esta noite!".

- Diga a seus amigos que está reduzindo o álcool. Ficará bem mais difícil para você, se não contar a seus companheiros regulares de bebida que está tentando diminuir a quantidade de doses.

- Fique longe de pessoas que o provocam pelo fato de não beber tanto quanto elas. Você precisará de amigos que o apoiem nesse período. Se alguém não o está fazendo, então se pergunte o quão amiga essa pessoa é.

- Se sentir que sua decisão está fraquejando, não tente aguentar. Saia! Não é fraqueza ir embora, é força.

- Se não conseguir conter-se e beber mais do que pretendia, então aprenda com isso. Você acha que isso aconteceu por quê? Você se preparou suficientemente antes de sair? Algo de inesperado aconteceu com o qual possa aprender e se preparar melhor na próxima vez? Não gaste seu tempo se sentindo culpado nem desista de tentar. Em vez disso, use a experiência para assegurar um resultado mais positivo da próxima vez.

- Reduzir o consumo de álcool é difícil no princípio, mas fica mais fácil com o passar do tempo. Aos poucos, perceberá que sua atitude com relação à bebida está mudando, e achará que sua atitude para consigo mesmo – e a atitude dos outros com relação a você – também está se modificando.

8. EVITANDO A RECAÍDA

Parar de beber é apenas o primeiro passo no caminho para a mudança. O segundo é conseguir se manter longe da bebida. Quando observamos as estatísticas sobre pessoas com problemas relacionados ao consumo de álcool tratadas, a primeira coisa que nos impressiona é a espantosa taxa de recaída (algo em torno de 50 a 90%). Qual a razão disso?

Se perguntasse aos consumidores de álcool em geral qual a coisa mais difícil para um alcoólico problemático, eles diriam, quase certamente, "parar de beber". Mas isso não é totalmente verdadeiro! Sim, parar é difícil, mas permanecer longe da bebida é quase certamente mais difícil.

Essa é a notícia ruim. A boa notícia é que fica cada vez mais fácil, quanto mais você insistir. Estatísticas mostram que três meses são o tempo necessário para estabilizar a abstinência. Isto significa que, assim que se atinge três meses de abstinência, as probabilidades são maiores de que se alcance um ano sem recaída. Além disso, aqueles que atingem dois anos dificilmente têm uma nova recaída, embora não estejam imunes e a vigilância constante seja necessária.

Não é absolutamente necessário que alguém que parou de beber precise se tornar um recluso ou uma pessoa insociável. De fato, na época atual parece que muitas atividades sociais

67

giram em torno do álcool ou o disponibilizam prontamente. Isso pode parecer um exagero, mas, para o recém-abstinente, pode parecer que o álcool está em todo lugar; por isso, ele pode sentir o mundo de maneira um tanto hostil. Leva um tempo para você se adaptar à sua nova condição e sentir-se à vontade para recusar a oferta, quando o álcool é tanto servido quanto encorajado. Deixe-me assegurar-lhe novamente: dado o devido tempo, sentir-se-á bem mais seguro e sua atitude diante da bebida irá mudar drasticamente. Você pode não acreditar nisso agora, mas um dia olhará para trás e verá a diferença. Contudo, a fim de conseguir esse intento, precisará manter a abstinência e evitar a recaída. Vejamos algumas estratégias e exercícios para ajudá-lo a alcançar isso.

Evitando a tentação

A estratégia mais óbvia é evitar o álcool. Se possível, não o tenha em casa. Isso pode ser difícil se vive com outras pessoas que gostam de tomar um drinque. Todavia, você pode pedir-lhes que o mantenham longe de você e que não bebam enquanto estiver por perto. A responsabilidade de não beber é sua – ninguém pode fazê-lo beber –, mas, se seus amigos e sua família o apoiam, ficarão contentes em evitar beber perto de você. Além disso, eles podem colher alguns dos benefícios ou ao menos ter menores problemas, agora que você não está mais bebendo.

Pelo menos nos três primeiros meses, você deve evitar ir a bares ou clubes – ou a lugares onde, de fato, a bebida seja o principal entretenimento. Você pode achar que consegue lidar com o fato de ir a bares logo no início, mas isso pode colocá-lo sob muita pressão e levá-lo a desejar beber. Se frequentar bares e for capaz de lidar com a situação, cuidado com o efeito ressaca – na verdade, você não se sente muito pressionado na hora; mais tarde, porém, há um acúmulo de pressão que parece vir de lugar nenhum. De fato, a origem está na visita ao bar; você apenas reprimiu isso na hora.

Embora evitar a tentação seja uma boa estratégia, especialmente nos primeiros dias de abstinência, você não poderá agir assim para o resto de sua vida. Isso simplesmente não é realista. Precisa adotar outras estratégias que lhe permitam lidar com situações relacionadas a álcool, como festas e celebrações.

Esteja preparado

Um dia desses alguém – talvez um estranho, talvez um amigo ou um parente – lhe oferecerá um drinque. O que irá fazer ou dizer? Se nunca pensou sobre uma situação assim, então será pego de surpresa. Isso poderá ser difícil e possivelmente o fará sentir que existe uma pressão social para que beba. Portanto, em vez de ser pego de surpresa, é prudente refletir sobre a situação, decidir o que dirá e até ensaiar a resposta.

Se conseguir achar alguém com quem se sinta à vontade, pode usar a dramatização, ensaiando com essa pessoa a resposta que irá dar. Pode parecer desajeitado e embaraçoso, mas, com certeza, é menos constrangedor que agir de forma errada e voltar a beber.

69

É um pouco mais fácil quando é um estranho que lhe oferece uma bebida. Ele não o conhece e você poderá dizer, com toda a honestidade: "Eu não bebo". Ensaie essa frase dizendo-a algumas vezes, para ver se ela sai com naturalidade. Em caso afirmativo, essa frase poderá tornar-se sua resposta padrão. Se as pessoas perguntarem por que não bebe, você pode dizer com toda a sinceridade: "Não me sinto bem bebendo".

Caso não se sinta bem em dizer que não bebe, use outras razões para o fato de recusar o álcool. Por exemplo: "Não bebo quando dirijo", "Estou com um problema de saúde e não posso beber no momento", "Estou tomando remédios, então não posso beber".

• •

A maioria das pessoas não se importa se você bebe ou não. Mas você sim! Portanto, ensaie antecipadamente uma resposta com a qual se sinta bem, para dizê-la sempre que lhe oferecerem bebida.

• •

É mais difícil quando você encontra um conhecido, ou alguém com quem costumava beber. A menos que saibam que deixou o álcool, eles têm a expectativa de que vão beber juntos. Então, o que dirá quando lhe oferecerem uma bebida? Você pode ser totalmente honesto e revelar que tem tido problemas, de forma que parou ou que está dando um tempo por uns poucos meses. Se forem realmente seus amigos, estarão preocupados com seu bem-estar e o apoiarão e respeitarão sua decisão. Se, por outro lado, interessam-se apenas em ter uma companhia para beber, tentarão persuadi-lo. Podem lhe dizer: "Você não está tão mal assim", "Você estava apenas passando por uns maus bocados", "Bebo tanto quanto você e estou bem". Não todos, mas alguns desses "amigos da onça" terão dúvidas a respeito de seu próprio comportamento com a bebida e o verão como uma ameaça. Se você conseguiu deixar a bebida, eles também podem e deveriam fazê-lo – mas não querem. Infelizmente, a única resposta a essas pessoas é evitá-las.

Evitar amigos e companheiros pode ser difícil. Você pode argumentar que são seus amigos há anos, que não pode simplesmente deixá-los e não falar mais com eles. Acontece que você está em uma nova caminhada. Está mudando sua vida, o que exige esforço e resoluções. Se seus amigos e companheiros estão preparados para ajudá-lo e apoiá-lo, encontrando-se em lugares nos quais não há álcool envolvido, então, ótimo – continue com essa amizade. Pois é uma amizade importante que o valoriza por quem você é, e suas decisões e metas são respeitadas. Todavia, se querem sua companhia apenas para a bebedeira, então deve perguntar-se se realmente são amigos. Talvez permanecer abstinente e tornar-se um exemplo seja a melhor atitude para você *e* para eles. Um dia, quem sabe, poderão vir até você pedindo que os ajude, especialmente quando virem que está realmente firme na sua decisão e tendo sucesso com uma vida produtiva. Mas, por ora, talvez deva deixá-los de lado, caso o incentivem a voltar ao consumo de álcool, algo do qual está tentando escapar.

Por que você bebe?

Se está tentando evitar uma recaída, então precisa estar preparado e, para isso, tem de saber um pouco sobre o porquê de beber. Você pode dizer que não há mistério algum – bebe porque gosta, porque aprecia. Contudo, precisa descobrir o que exatamente aprecia quando bebe. Por exemplo, talvez seja o sabor, a sensação eufórica, ou talvez a bebida o faça sentir-se melhor, quando está nervoso. Se a apreciação da bebida se deve ao fato de ela ajudar você a lidar com seus sentimentos, então, essa provavelmente seja uma de suas principais razões ou motivações. Quando fica com raiva, triste, depressivo (ou qualquer que seja o sentimento com o qual o álcool o ajude a lidar), sente um desejo maior, ou avidez por ingerir bebidas. Essa avidez pode surgir sob a forma de uma sensação de desconforto – ansiedade, ou uma sensação nervosa em seu estômago –, e você a associará à vontade de beber.

Esse tipo de avidez é bastante comum. Aprendemos a associar álcool (ou outra substância qualquer) com determinada situação, por exemplo: sentir-se depressivo – beber álcool – sentir-se melhor.

Essa é uma forma de automedicação muito semelhante à que fazemos quando temos algum incômodo físico. Por exemplo: ter dor de cabeça – tomar analgésico – passar a dor.

Outra associação que se faz pode ser com uma pessoa, um lugar ou um horário. Por exemplo, se toda vez que encontrava certo amigo você tomava uma dose, irá associá-lo à bebida. Da mesma forma, se toda vez que ia a determinado lugar tomava um drinque, então associará esse lugar com o álcool. Isso pode parecer óbvio: se foi ao Bar do Zé e se encontrou com fulano, logicamente é porque foi lá para tomar um drinque. Mas são também as mudanças mais sutis, subconscientes, que podem dificultar-lhe recusar uma bebida nessas circunstâncias.

Se sai para beber regularmente às sextas-feiras à noite, então é feita uma associação entre o horário e o drinque. Sua mente e seu corpo estão acostumados a ter álcool e a se sentirem diferentes nesse horário. Se parou de beber, ao anoitecer da sexta-feira seu corpo não receberá seu "ajuste" e então reagirá. O tipo de reação é diferente de indivíduo para indivíduo, mas a maioria das pessoas irá interpretar a reação como avidez. Sua mente e seu corpo estão sentindo falta do álcool, eles querem que você beba![1]

A questão não está em prevenir que tal fato aconteça, pois não há como conseguir isso, mas sim em preparar-se para quando isso acontecer, tendo um plano para lidar com a situação. Assim, a primeira coisa é anotar onde, quando e sob que circunstâncias essa ansiedade ocorre. Mantenha um diário ou um caderno e anote quando a avidez surge, de modo que lhe seja possível identificar padrões e antecipá-los. Eles ocorrem

---

[1] A avidez é devida ao processo de aprendizado chamado condicionamento. Pavlov achava que seus cães salivavam quando lhes era dado alimento. Essa era a sua preparação para comer e digerir a comida. Ele, então, descobriu que se tocasse um sino imediatamente antes de lhes dar alimento, e fazendo isso algumas vezes, os cães ficavam condicionados a salivar ao ouvir o sino. De uma forma semelhante, os humanos começam a associar lugares, pessoas e horários com a bebida, e nosso corpo faz ajustes, os quais podemos interpretar como excitamento ou antecipação ao álcool. Assim, quando estamos nesses lugares, com essas pessoas, ou em determinado horário, nosso corpo faz os ajustes. Todavia, como agora não há álcool, nós chamamos a isso de avidez.

no mesmo horário ou no mesmo lugar? Ocorrem quando você encontra uma pessoa em particular ou quando se encontra em um estado de espírito específico? Quanto mais souber a respeito de seu inimigo – a avidez –, tanto melhor.

A avidez alcança um pico por volta de vinte minutos e dura apenas trinta e cinco minutos. Se conseguir evitar a bebida por trinta e cinco minutos, derrotará a avidez.

Quando a avidez ocorre, a sensação é poderosa e parece incontrolável; mas não é bem assim: há limitações. A avidez por álcool é como uma onda: começa devagar, sobe até chegar a um pico e cessa, até quebrar na praia e desaparecer. A pesquisa nos mostra que a avidez alcança um pico em torno de vinte minutos, quando começa a diminuir durante os quinze minutos seguintes. Assim, a avidez durará, do início ao fim, por volta de trinta e cinco minutos. Se conseguir se segurar por esse tempo, então a avidez passará.

Pesquisas também nos mostram que, se você resistir continuamente à avidez, ela diminuirá com o tempo – isto é, enfraquecerá e será menos capaz de afetá-lo. De modo recíproco, se entregar-se à avidez, ficará mais difícil resistir da próxima vez.

Assim sendo, como resistir aos acessos de avidez até que passem?

- Uma maneira é usando a técnica do "urge surfing"[2] – ranger os dentes e perceber que, embora possa ser desagradável e desconfortável, isso não irá prejudicá-lo. Alguns centros de tratamento ensinam esse tipo de técnica porque ajuda o paciente a desenvolver confiança para resistir à avidez e, assim, permanecer abstinente.

- Outra opção é engajar-se em alguma atividade de entretenimento. Ler, ter um *hobby*, ir ao cinema, e exercitar-se (praticar corrida, andar de bicicleta) são bons exemplos. Assim que se interessar por outra coisa, verá que a ansiedade irá embora.

- Outra resposta efetiva para a avidez é comer. A maioria das pessoas não consegue beber depois de fazer uma farta refeição ou após comer algo muito doce. Isso não deve ser considerado uma estratégia a longo prazo, pois substitui-se uma substância por outra, mas é ótimo como solução a curto prazo.

- Conversar sobre o assunto é outra estratégia. Você pode falar com amigos ou familiares sobre a avidez quando ela ocorrer. Se estiver participando do AA, os outros membros podem ajudar, pois sabem exatamente do que você está falando, uma vez que eles próprios se encontraram nessa situação. Conversar sobre avidez e ansiedade pode ser muito útil para identificar suas origens. Falar muitas vezes também ajuda a descarregar e aliviar os sentimentos e o auxiliará a restaurar a honestidade em seu relacionamento.

---

[2] "Urge surfing" (*surfar na ânsia*) é um termo cunhado por Alan Marlatt – psicólogo americano – como parte de um programa de prevenção de recaída por ele desenvolvido para pessoas em recuperação de vício em álcool e outras drogas. (N.T.)

Não se sinta mal por causa da avidez. Você pode usar a internet e participar de um fórum *on-line* para conversar sobre isso e obter apoio de outras pessoas na comunidade.

- Se você é uma pessoa que tende a beber para lidar com seus sentimentos, então falar sobre como está se sentindo é uma boa estratégia de prevenção de recaída. Muitas pessoas, especialmente homens, têm dificuldade em expressar como se sentem e buscam refúgio no álcool. Mas se este é um dos gatilhos principais para beber, então deve encontrar uma alternativa. Como a maioria das coisas, elas ficam mais fáceis quanto mais você as exercita.

• •

Não se esqueça de que a avidez passa, e fazer algo que o distraia a fará passar bem mais rápido!

• •

9. E SE COMETER UM DESLIZE?

É possível que ceda à tentação. Você não seria o primeiro e com certeza não será o último. Infelizmente, a recaída é bastante comum para quem tem problemas com a bebida. Procure entender que a mudança é um processo, não um evento. Portanto, lembre-se das palavras de um antigo clichê: se no início você não conseguir, tente, tente e então tente de novo. No entanto, precisa lidar com a situação, de modo que não perca o que ganhou com todo o seu empenho.

Somente porque cometeu um deslize, não quer dizer que tem de continuar bebendo. Você pode parar novamente quando quiser. A escolha é sua!

A primeira coisa a fazer é prevenir a escalada da situação. Há uma grande diferença entre tomar um drinque ou vários em um dia, e beber uma semana inteira sem parar (Alan Marlatt, psicólogo americano, fala em lapso e colapso). Portanto, tente parar o mais rápido possível. Você provavelmente tem o telefone de alguém em quem confia e que o apoiará – um parente, um amigo, ou um membro do AA. Ligue e peça ajuda.

Caso necessário, peça-lhes que venham buscá-lo ou que fiquem com você e lhe façam companhia.

Seu orgulho e sua confiança terão levado um golpe bem grande. Sentimentos de inutilidade são comuns nessas circunstâncias. Infelizmente, são justamente por essas circunstâncias, para aliviar esses sentimentos, que muitas pessoas com problemas relacionados ao consumo de álcool o buscam. Você deve evitar isso, fazendo uso de qualquer mecanismo de enfrentamento à sua disposição – distração, bate-papo com alguém, qualquer coisa que seja efetiva para você. Lembre-se: esse sentimento passará.

Voltar ao propósito

Não é o momento de sentir-se culpado ou torturar-se. É hora de olhar para os pontos positivos da situação, não os negativos. Você reduziu a bebida: a quantidade, a frequência? Deu uma escorregadela, mas parou mais rapidamente do que normalmente o faria? Você está de volta ao seu objetivo? A sua resolução de parar de beber ainda está firme? Olhe seu cartão "razões para parar".

Uma vez que pare de beber novamente, deve retornar à rotina de construir e manter sua motivação, e usar o cartão de motivação todas as manhãs. Se havia começado a frequentar o AA, volte aos encontros tão rápido quanto possível. Talvez esteja se perguntando se deveria contar às pessoas o que aconteceu. É fortemente recomendado que sim. Se não o fizer, você se sentirá culpado, e sua culpa tornará seu relacionamento com os outros membros embaraçoso. Isso poderá fazer até com que tente evitá-los, o que lhe negará o apoio que construiu e, sem isso, poderá voltar a beber. Lembre-se: você estará contando-lhes o que aconteceu para ajudar a si próprio, não para humilhar-se ou confessar-se. Estará lhes contando para se sentir capaz de pedir-lhes apoio, o que seria difícil se mentisse ou omitisse informações.

É importante também, mais tarde, observar o que aprendeu com a situação. Ela poderia ter sido evitada? Há algo que tenha feito e que acha que poderia ter deixado de fazer? Por exemplo: estava se colocando em risco indo a um bar num momento em que ainda estava em recuperação, ou quando se sentia de baixo-astral? Há algo que deveria estar fazendo, mas que ignorou? Parou com sua rotina matinal de ler suas razões para a mudança? Parou de ir aos encontros do AA ou de dividir seus sentimentos?

Esse é um tempo de honestidade implacável. Você não quer continuar repetindo o mesmo erro: ele irá corroer sua confiança e a de seus apoiadores. Você deve também ser realista. Não pode esperar que as pessoas mais próximas de você não fiquem desapontadas. Todas as esperanças de vê-lo parar de beber, para o seu bem e para o bem delas, estará em frangalhos nesse momento. Elas precisarão de tempo para voltar a ficar do seu lado.

Ponha-se no lugar delas por um instante: como se sentiria se a situação fosse inversa? Elas podem precisar ver alguma prova de que você está tentando seriamente mudar mais uma vez. Isso será especialmente verdadeiro, se tiver um histórico de promessas de mudança e recaídas. Poderá ser difícil para

79

elas voltarem a acreditar em você completamente. Dê-lhes tempo: mostre-se sério e começarão a acreditar novamente em você.

Posso voltar a beber algum dia?

Se o seu caso não for de dependência, há uma boa possibilidade de poder voltar a beber com segurança. Contudo, a maioria das clínicas de tratamento diria que, quanto mais dependente de álcool você for, menor é a probabilidade de que um retorno a beber social e moderadamente venha a ser uma opção.

Para pessoas dependentes, e severamente dependentes, essa é uma questão difícil, e infelizmente a única resposta sensata é: ninguém pode realmente saber. Muitas pessoas acreditam que o problema com bebida – especialmente alcoolismo ou dependência de bebida – é uma doença, e progressiva. O que quer dizer que, mesmo tendo parado com o álcool, a doença ainda existe. Pessoas que se fundamentam nesse modelo seriam inflexíveis em dizer que não há nenhuma maneira segura de se voltar a beber novamente.

• •

Você iria querer arriscar tudo por causa de um drinque? É uma grande aposta. É possível que seja capaz de beber novamente, mas pode voltar a ter todos os problemas de antes – e outros mais.

• •

Deixando de lado a questão de se a dependência de álcool é ou não uma doença e se é ou não progressiva, não há dúvida de que muitos, se não a maioria dos dependentes, parecem ser incapazes de beber novamente de forma moderada. Se isso se deve ao fato de estar enraizado na composição física da pessoa, como argumentam alguns, ou, como outros acreditam, se isso tem uma base fisiológica, é algo ainda debatido de forma acalorada.

"Posso beber outra vez?", talvez seja a pergunta errada. Em vez disso, a pergunta devesse ser: "Vale a pena assumir o risco de beber de novo?". Se conseguiu parar de beber há alguns meses ou até anos, gostaria de arriscar tudo que conquistou por um drinque? Cheque outra vez os exercícios de prós e contras que realizou no capítulo 3. Você iria querer arriscar a ter todos esses contras de volta em sua vida? Depois de parar de beber sua vida ficou tão ruim que só pensa em voltar a beber, ou isso não passa de uma aposta de risco? Agora você tem uma escolha, algo que não tinha quando bebia. Eu tenho essa escolha, e acho que é arriscado demais beber novamente. Mesmo nos dias ruins – e tive vários (divorciei-me e enterrei pessoas queridas) –, ainda prefiro ficar sóbrio.

10. OLHANDO PARA A FRENTE

Agora você está sóbrio há três meses e decidiu permanecer abstinente. Apesar de seus preconceitos anteriores, decidiu que retornar à bebida é um risco grande demais. Poderia colocar em perigo tudo que conquistou e construiu. Você deseja continuar sóbrio e ter uma vida mais plena do que antes. Este capítulo discute algumas das questões que você precisa enfrentar para ter uma vida sóbria, feliz e sustentável.

A família (1)

Viver a vida sem álcool pode ser uma verdadeira aventura. Na sobriedade, você enxerga o mundo de maneira diferente. As pessoas falam com frequência de terem as vendas tiradas dos olhos. Elas descrevem estarem mais vivas do que o foram por anos, querendo fazer coisas – viajar, experimentar, realizar.

Geralmente, a família dará boas-vindas a essa mudança, vendo que seu pai/sua mãe/sua esposa/seu marido agora está sóbrio e vivendo uma vida bem mais saudável e produtiva. Todavia, nem sempre a sobriedade traz a felicidade e proximidade com que a família sonhava. Pessoas que acabaram de se tornar sóbrias podem ficar entusiasmadas com sua nova vida, esperando que seus amigos e familiares dividam com elas esse entusiasmo.

Infelizmente, para membros da família que querem uma volta à "vida normal" sem a bebida, o entusiasmo redescoberto e os novos interesses podem fazê-los se sentirem como se tivessem "perdido" seu parente outra vez. Um exemplo disso pode ser o amor pelo AA. O AA pode ser de grande ajuda, mas alguns novos membros vão às reuniões em qualquer ocasião possível, deixando a família sentir-se justificadamente negligenciada.

Essa adoção excessivamente entusiasta de novos interesses não se restringe às reuniões do AA. Por exemplo: um marido e pai recém-sóbrio queria perder peso e ficar em forma, então, começou a andar de bicicleta. Ele gastava muito tempo e dinheiro. Treinava todas as tardes e todo fim de semana fazia longas pedaladas com um grupo. Sua família, embora feliz por ele não estar bebendo mais, começou a sentir que na verdade desfrutava mais de sua companhia antes. Ao final, tiveram uma conversa e ele reduziu o tempo gasto com o ciclismo, dando-se conta de que fora pouco sensível.

• •

Vale a pena lembrar que sua família muitas vezes deve ter sofrido, ou no mínimo ter sido negligenciada durante o tempo em que você bebia, e que agora está ansiando por um convívio mais estável. A vida nova que está descobrindo pode ser sedutora, mas seja sensível às necessidades de seus familiares.

• •

A família (2)

Ficar sóbrio pode ser um tempo turbulento e inquietante, principalmente se bebeu muito e durante anos. Mudar sua vida tão fundamentalmente pode fazê-lo questionar tudo: valores, atitudes, status (por exemplo, seu emprego ou suas finanças), amizades e até seu casamento. Embora isso seja outra parte natural e comum do processo de mudança, é importante adquirir um senso de perspectiva, especialmente se está se sentindo insatisfeito.

Encontre alguém em quem confia e por quem tenha respeito para que possa se abrir. Se for membro do AA, encontre um padrinho ou alguém que esteja sóbrio há um longo tempo; caso contrário, escolha um amigo com o qual possa falar, ou ainda ache um conselheiro. Seja o mais aberto e honesto possível sobre o que está pensando e sentindo. O que quer que você faça, tome a decisão de não realizar mudanças importantes em sua vida baseado em seus sentimentos, até que tenha conversado com alguém ou, pelo menos, refletido bastante sobre elas.

Estados de espírito

A maioria das pessoas que deixa de beber percebe que sofre alterações de humor, às vezes rápidas e aparentemente incontroláveis. Isso não significa necessariamente que você sofre de um transtorno de humor. Pode haver uma série de causas subjacentes. Em primeiro lugar, muito provavelmente o álcool foi o seu modo de lidar com frustração, raiva ou outra emoção negativa qualquer e normal. Agora que não bebe, está começando a experimentar as emoções que anteriormente ficavam anestesiadas com a bebida.

Em segundo lugar, pode ser que seu temperamento sempre tenha sido de altos e baixos, mas o consumo de álcool mascarava isso. Agora, você está redescobrindo sua personalidade. E, por fim, ficar sóbrio pode deixá-lo sentir-se emocionalmente exposto, vulnerável e despreparado, de modo que incidentes triviais podem provocar uma reação desproporcional.

Se essas alterações de humor persistirem ao longo dos meses, você deve falar com seu médico a esse respeito. Para a maioria das pessoas, porém, isso apenas faz parte do processo de ficar sóbrio. Uma das principais emoções que sentirá é raiva. Você pode pegar-se explodindo por nada e/ou ficar ofendido, mesmo quando não houve qualquer intenção de ofensa.

Para a maioria das pessoas, esse "nervosismo" desaparece com o tempo, à medida que permanecem sóbrias; mesmo assim, se ignorado, pode causar problemas nos relacionamentos. Agora que beber não é uma opção, você precisa aprender meios não destrutivos de lidar com suas emoções. Seguem algumas sugestões:

- *Exercitar-se* – ajuda a diminuir um pouco a agressividade e a ansiedade reprimidas, podendo reduzir as explosões de raiva.
- *Caminhar* – além de ser uma boa forma de exercício, deixa-o longe da fonte das irritações.
- *Meditação ou oração* – ajuda a acalmar a mente.

- *Pensar antes de falar* – a velha tática de "contar até dez" e "respirar fundo" funcionam.
- *Procurar um hobby* – jogar bola, pescar, pintar, fazer jardinagem.

Não existe uma resposta definitiva para controlar suas emoções; faça algo que se adapte melhor a você e que o ajude a manter essas emoções sob controle.

Culpa

Muitas pessoas podem ter feito coisas – ou deixado de fazer – como resultado de seus problemas relacionados ao consumo de álcool, o que agora os deixa envergonhados e culpados. É difícil viver confortavelmente, quando se está cheio de culpa; a culpa pode até ter sido uma primeira motivação para beber, pois lhes permitia "esquecer".

Uma forma de lidar com a culpa é fazer uma lista de cada pessoa que feriu e, desde que não prejudique você ou outro alguém, dizer a cada uma delas que sente muito pelo que fez. Se a pessoa for um familiar, pode tentar fazer compensações. Uma das maneiras mais poderosas de fazer compensações é permanecer sóbrio. Você precisa lembrar-se também de que uma das pessoas que provavelmente mais feriu foi a você mesmo; portanto, inclua-se na lista. Parte do programa do AA é projetada para lidar com a culpa. Os membros são exortados a fazer compensações para as pessoas que prejudicaram, a se desculpar e a tentar agir corretamente.

Arrependimentos

O arrependimento pode ser sentido quando nos damos conta de que há coisas que poderíamos ter realizado e que não fizemos. Por exemplo, você pode perceber que poderia ter avançado mais em sua carreira, ou que poderia ter frequentado uma universidade, viajado, ou dito a alguém que o ama. Muitos arrependimentos podem ser ainda resolvidos, mas outros não.

• •

Você nunca poderá fazer o relógio andar para trás e reviver sua vida. Não dá para voltar atrás e fazer tudo que gostaria, mas há algumas coisas que são possíveis. Pode tornar-se melhor como marido, esposa, pai, irmão, filho, amigo, irmã, filha. Não é tarde demais para mudar esse aspecto de sua vida.

• •

Agora que está sóbrio, tem tempo e oportunidade para reinventar-se. Desde que seja realista, há muito que ainda pode ser feito. Você pode aprender uma nova habilidade, ter um *hobby* novo, praticar um esporte... Descubra o que o motiva.

Ajudando outras pessoas

Muitas pessoas sentem que agora têm algo a dar a outros que enfrentam o mesmo problema. Isso pode ser ou não verdade, mas muitas vezes é com certeza um desejo comum. Ajudar os outros exige habilidade, empatia e treinamento. Requer também compromisso e sobriedade estável. Se sente vontade de aprender a ser conselheiro para dependentes de álcool ou drogas, a maioria dos cursos tem uma política relacionada a ex-usuários. Muitos deles exigirão que esteja limpo e sóbrio há no mínimo dois anos. Isso não é apenas para proteger você de enfrentar algo para o qual não está preparado, mas também para que os pacientes não se exponham a terapeutas que ainda estão resolvendo suas próprias questões.

Depressão e pesar

Depressão é uma queixa frequente entre pessoas que passaram por problemas com o consumo de álcool. Todavia, embora seja mais comum nesse grupo, a depressão clínica que requer tratamento é ainda relativamente rara. Se continuar com baixo-astral, falta de apetite, sentimentos de inutilidade, pouca energia e desordens do sono, então entre em contato com um médico. O que é mais comum, mas menos reconhecido, é o pesar. O bebedor pode estar "de luto" por um "amigo" (álcool) que o confortava quando estava com problemas, ou que associa aos bons tempos. Como todos os processos de luto, isso pode levar um tempo para passar. Encontrar novas atividades pode ajudar.

Você agora está livre do vício físico do álcool. As escolhas que faz hoje são sóbrias, baseadas naquilo que você realmente quer para sua vida. Isso pode ser um recomeço, e pode ser emocionante: uma nova chance de construir o tipo de vida que quer para você e sua família. Desfrute disso.

PARA A FAMÍLIA

Este capítulo é para a família da pessoa que tem problemas com o consumo de álcool, e tem o intuito de dar algumas dicas. De modo algum, representa um debate completo do tópico ou um guia abrangente de ajuda para a família. Diz respeito apenas ao período em que ela está tentando ficar sóbria.

Se uma pessoa da sua família que tem problemas com álcool está lendo este livro, você provavelmente estará passando por uma mistura de sentimentos. Por um lado, certamente está feliz, pois ela parece estar colocando em ação algo que pode resolver esse problema, mas também deve estar bastante ansioso em saber se ela conseguirá ir até o fim. Pode estar, inclusive, se sentindo culpado por não confiar inteiramente nela – você quer, mas não consegue. Não consegue confiar porque já houve outras tentativas antes; suas esperanças foram alimentadas e destruídas, talvez várias vezes. Isso, infelizmente, é a natureza do vício; é também a natureza da recuperação.

Mudança é um processo, não um caso isolado. A pesquisa sugere que, em média, as pessoas passam por três recaídas antes de finalmente mudarem. Então, aguente firme.

Pessoas viciadas em qualquer substância ou comportamento podem tentar mudar muitas vezes, antes de realmente serem bem-sucedidas. Pense em algo que já tenha experienciado: alguma vez iniciou uma dieta e decidiu que começaria a fazer exercícios? Por quanto tempo persistiu e quantas vezes você tentou? Isso não é para ser usado como desculpa, apenas para dar uma perspectiva da situação. As falhas, ao tentar transformar um comportamento, são naturais. Mas também pode dar certo, mesmo que leve mais tempo e mais de uma tentativa.

Então, em vez de sentir-se culpado por não acreditar nessa pessoa, pense nisso como um ceticismo saudável baseado naquilo que sabe sobre mudanças. Tente e fique feliz por essa pessoa estar procurando mudar, sem se fixar em expectativas elevadas demais. Veja todo progresso como algo positivo e use-o para encorajá-la a continuar. É do seu apoio que ela precisa agora!

Você não é o culpado

Você não tem culpa pelo fato de uma pessoa beber ou ter uma recaída. Isso é problema dela, e é ela que tem que assumir a responsabilidade. Você não é guardião dela. Não é responsabilidade sua mantê-la sóbria, mas é de seu total interesse apoiá-la como puder.

Vale a pena ler o capítulo 10, especialmente as partes sobre alterações de humor e decisões. É importante que você compreenda que as explosões não são pessoais. Elas são reflexo de uma batalha interna. As pessoas que se encontram no meio de uma mudança podem sentir-se bastante sensíveis e emocional-mente vulneráveis, ou seja, como se tivessem pouco controle de sua vida. Muitas delas, quando vulneráveis, usam emoções que as fazem se sentir poderosas e no controle da situação. Raiva é uma dessas emoções. Ela dá uma sensação de poder e desvia a mente para longe de ansiedades e inseguranças.

Independentemente do que estejam fazendo e de por que o estão fazendo, continua sendo muito desconfortável ser alvo dessa raiva. E é particularmente desagradável (para não di-zer injusto), caso tenha apoiado a pessoa durante a mudança, bem como se conviveu com ela durante todo o período em que bebia. Você tem todo o direito de sentir-se magoado e não reconhecido. Haverá tempo para que expresse essa mágoa, mas agora não é o momento! Tente continuar aguentando e dando apoio. Diga a si mesmo que, se ela for bem-sucedida na mudança, isso lhe beneficiará também.

Isso não quer dizer que você precisa se tornar o alvo pas-sivo de seu tumulto emocional. Ela precisa lidar com essa rai-va (indique-lhe o capítulo 10), e não descarregá-la na família. Tente não dar motivo para uma discussão acalorada. Ambos estarão muito sensíveis nesse estágio do processo de mudança e uma discussão dessas pode trazer à tona feridas e desapon-tamentos há muito escondidos – o que pode ser bastante des-trutivo e dar à pessoa uma desculpa para procurar a bebida e, depois, alargar o fosso entre vocês.

Se ela precisa desafogar a raiva, e você sente que consegue ouvi-la passivamente, isso poderá ser de muita ajuda para ela e para o relacionamento de vocês a longo prazo. Todavia, se não existe essa possibilidade de ouvir sem reagir, não se sinta culpado – pode ser muito desconfortável e injusto. Em vez disso, procure se retirar e deixe-a lidar com sua raiva.

Outras maneiras de apoio

Embora a bebida seja definitivamente o problema, lembre--se de que você tem um suporte no fato de ela querer parar de beber. Se ela ficar sóbria, isso reduzirá sua ansiedade e incerteza a respeito de ela abusar da bebida novamente, se você pode fazer planos ou se eles serão sabotados novamente. Então, seja pragmático e decida que, se pode ajudar nesse processo de mudança, então é do interesse de ambos fazer isso.

Se a pessoa decidir buscar ajuda em outro lugar – um médico, o AA ou uma clínica de tratamento de álcool –, ela pode querer que você a acompanhe. Pode ser útil ir junto, pois irá ter certeza de que ela realmente está lá e não ficará preocupado. Isso poderá até ajudar no relacionamento.

Obtenha apoio

As primeiras semanas e meses para a pessoa que parou de beber são indubitavelmente um tempo difícil. É também um tempo bem difícil para você. Alguns familiares descreveram esse tempo como "viver pisando em ovos", pois se sentem, emocionalmente, como se tivessem de andar na ponta dos pés, às vezes literalmente. Isso tem certo preço para você como apoiador. Por um lado, pode sentir que está sendo solicitado a fazer demais e que é tudo bastante injusto e, por outro, sente culpa por não confiar totalmente naquela pessoa ou por não fazer mais.

Por essas razões, é aconselhável que você obtenha apoio para si mesmo. Busque alguém com quem possa dividir seus sentimentos, com quem se sinta bem e que não o julgue, mas que também seja imparcial. O apoio pode vir da família ou de amigos. Se não consegue pensar em ninguém que preencha esses critérios, pode tentar um conselheiro, que seria imparcial.

Você pode tentar ainda os grupos familiares de Al-Anon – Alcoólicos Anônimos. São grupos de apoio mútuo de pessoas que vivem com alcoólicos. Eles se encontram regularmente e seguem uma versão modificada do programa dos Doze Passos. Você pode encontrar o número de contato do grupo Al-Anon mais próximo através da internet.

• •

Lembre-se de que esta é uma grande oportunidade para ser uma família novamente, para ter uma relação sóbria. Você precisa reconhecer que poderá ter de fazer suas próprias mudanças. A relação com uma pessoa sóbria é bem diferente daquela com um dependente e será uma experiência de aprendizagem para ambas as partes. Contudo, pode ser também o início de uma grande aventura conjunta.

Boa sorte!

• •

Rua Dona Inácia Uchoa, 62
04110-020 – São Paulo – SP (Brasil)
Tel.: (11) 2125-3500
paulinas.com.br – editora@paulinas.com.br
Telemarketing e SAC: 0800-7010081